평범하게 시작해 오래도록 지속하는 채식라이프

한 그릇 일상채식

평범하게 시작해 오래도록 지속하는 채식라이프
한 그릇 일상채식

2021년 4월 2일 1판 1쇄 인쇄
2021년 4월 12일 1판 1쇄 발행

지은이 이윤서
펴낸이 이상훈
펴낸곳 책밥
주소 03986 서울시 마포구 동교로23길 116 3층
전화 번호 02-582-6707
팩스 번호 02-335-6702
홈페이지 www.bookisbab.co.kr
등록 2007.1.31. 제313-2007-126호

기획·진행 한혜인
디자인 디자인허브

ISBN 979-11-90641-43-2 (13590)
정가 14,000원

ⓒ 이윤서, 2021
이 책은 저작권법에 따라 보호받는 저작물이므로 무단전재와 무단복제를 금합니다.
이 책 내용의 전부 또는 일부를 사용하려면 반드시 저작권자와 출판사에 동의를 받아야 합니다.

책밥은 (주)오렌지페이퍼의 출판 브랜드입니다.

#ONE-PLATE #VEGAN

이윤서 지음

평범하게 시작해 오래도록 지속하는 채식라이프
한 그릇 일상채식

책밥

평범한 일상을 누리면서
즐겁게 채식을 하고 있습니다

채식을 하고 있다고 소개했을 때 가장 많이 받는 질문은 '왜 시작하게 됐어?'입니다. 사실 어떤 결정적인 계기가 있는 게 아니기에 처음엔 이 질문에 대한 답을 하기가 꽤 힘들었어요. 굳이 떠올린다면 오랫동안 비거니즘과 동물권에 대한 작은 관심을 품고 있다가 '비건 선진국'이라 여겨지는 독일에서 교환학생 생활을 하면서부터 채식을 실천하게 된 것 같아요. 일상에서 마주하는 사람들이 비건인 경우가 많았고 그들의 가치관과 식습관을 지켜보다 보니 자연스레 생활 습관을 하나씩 바꾸게 되었어요. 어느 순간 채식을 안 할 이유가 딱히 떠오르지 않더라고요. 책이나 다큐멘터리를 보고 감명을 받았다거나, 도축하는 장면을 직접 목격했다거나 하는 결정적인 사건이 있을 수도 있지만 저처럼 잔잔하게 채식 라이프에 스며들 수도 있답니다. 일상을 조금씩 바꿔 나갈 약간의 용기만 있다면 누구나 언제든지 시작할 수 있다고 생각해요.

채식을 하는 이유만큼이나 '채식하면 뭐 먹어?'라는 질문도 많이 받습니다. 소위 '풀때기'만 먹는 거 아니냐고 말하는 분들이 꽤 많아요. 개인적으로는 육식을 하는 주변 친구들보다 더 맛있고 건강하게 잘 챙겨 먹는다고 자부하는데 말이죠. 채식이 '금욕', '다이어트' 같은 이미지로 비춰지는 것 같아서 안타까운 마음도 듭니다. 채식을 한다고 해서 뭔가를 못 먹는다고 느끼지는 않거든요. 오히려 이전에는 먹어볼 생각도 못 했던 수많은 제철 채소를 접하게 되었고, 다양한 향신료의 풍미도 느낄 수 있게 되었어요. 또한 혼자 살다 보니 간편하면서도 든든한 한 그릇 요리를 자주 해 먹는데요. 채식을 하기 전에 즐겨먹던 덮밥, 비빔밥, 볶음밥, 김밥, 주먹밥, 국수, 파스타, 우동, 떡볶이, 토스트, 샌드위치 등의 일상식을 여전히 잘 먹고 있답니다. 더 담백하고, 더 신선하게요! 채식은 평범한 일상을 지키면서도 충분히 실천할 수 있습니다. 그래야 오래도록 지속하게 되고요. 이런 이야기를 전하고 싶어 〈한 그릇 일상채식〉이라는 주제로 책을 출간하게 되었습니다.

스스로에게 맞는 방식으로 차근차근 시작해 즐겁고 다채로운 채식라이프를 누려보았으면 합니다. 엄청난 계기가 없어도 되고, 완벽하지 않아도 괜찮습니다. 채식에 대한 작은 관심으로 이 책을 펼쳤을 독자님! 소소한 제 기록이 독자님의 용기에 작은 보탬이 된다면 더없이 기쁠 것입니다.

2021년 봄, 이윤서 드림

CONTENTS

PROLOGUE   평범한 일상을 누리면서
           즐겁게 채식을 하고 있습니다   4

INTRO

채식 알아보기   채식 장보기
     10   13

채식 외식하기   채식 습관 갖기
     20   28

chapter 1 일상채식 / 밥한그릇

김치볶음밥
38

채소 강된장덮밥
40

두부 김밥
42

나물 비빔밥
44

파프리카 주먹밥
46

순두부 찌개밥
48

달래장 쌈밥 플레이트
52

가지 봄나물덮밥
56

톳조림 덮밥
58

봄나물 김밥
60

공심채볶음 덮밥
62

두부 채소볶음밥
64

깻잎 쌈밥
66

간편 채소죽
68

아보카도장 비빔밥
70

묵밥
72

비건 가츠동
74

짜장밥
76

그린커리
78

비건 초밥
80

chapter 2 일상채식 / 면한그릇

간장 비빔국수
86

달래국수
88

매콤달콤
샐러드비빔면
90

콩국수
92

묵국수
94

메밀면 김말이
96

채소 듬뿍
볶음우동
98

두부면
버섯칼국수
100

토마토
오일파스타
102

두유 크림파스타
104

간편 잡채
106

chapter 3   일상채식 / 별미한그릇

부추전
110

유부 떡볶이
112

들깨 수제비
114

비건 마라탕
116

버섯구이 쌈
118

와플 감자전
120

월남쌈
122

버섯 탕수
124

비건 함박
스테이크
126

3색 비건 피자
128

버섯 프라이드
130

템페칩과
과카몰리
132

순두부 스크램블
플레이트
134

깻잎페스토
샌드위치
136

두유 요거트볼
138

사과조림 토스트
140

구운 채소 샐러드
& 곡물빵
142

INTRO

채식 알아보기

처음 채식에 관심을 갖게 되면 궁금한 게 많을 것이다. 비거니즘, 비건, 베지테리언 다 같은 의미인 줄 알았는데 무슨 차이가 있는지 모르겠고, 그저 채소를 먹는 게 채식이고 비건이라 생각했는데 왜 화장품을 비건 제품으로 고르며, 왜 채식 이야기에 제로웨이스트란 단어가 등장하는지 이해하기 어려울 수도 있다. 채식을 지향하려는 이들을 위한 몇 가지 채식 관련 개념을 소개한다.

비거니즘이란?
veganism

우리가 흔히 채식주의자를 통칭하는 단어로 알고 있는 '비건'은 채식 유형 중 한 가지에 속하는 좁은 개념이다. 좀 더 포괄적인 '비거니즘'의 개념을 먼저 알면 채식을 이해하는 데 도움이 될 것이다. 비거니즘은 단순히 채소 위주의 식사를 일컫는 게 아닌 동물 착취와 종차별에 반대하는 철학이자, 소비 운동을 말한다. 식생활은 물론 의식주를 통틀어 동물성 원재료를 사용하거나 동물 실험을 거치는 등 동물 착취를 수반해서 생산된 제품의 소비를 지양하는 문화를 일컫는다.

사람마다 각자 다양한 이유를 가지고 비거니즘을 실천하지만 크게 나누자면 동물권, 환경, 건강 관련 3가지 이유를 들 수 있다. 동물에게 폭력이 가해진 음식을 지양하고자, 축산에 의한 온실가스 배출량이 지구 환경을 위협하는 것이 걱정되기에, 다이어트나 피부 건강 때문에, 지나친 육식과 가공품에서 벗어나 건강한 식습관을 갖기 위해서 등 동물권, 환경, 건강 3가지 범주 안에서도 다양한 이유로 비거니즘을 실천하곤 한다. 하지만 동물권 문제를 환경 문제와 떼어놓고 생각할 수 없고 건강 문제를 환경 문제와 떼어놓고 생각할 수 없듯 3가지는 모두 서로 연결되어 있다. 나 역시 비거니즘 실천의 시작은 동물권 문제에 관심이 생겨서였지만 계속 공부하며 지속하다 보니 환경과 건강에도 관심이 많아져 지금은 딱 특정한 이유 때문이라곤 말할 수 없다.

채식의 종류

비거니즘의 큰 부분을 차지하는 채식은 실천하는 방법에도 여러 가지가 있다. 너무 어렵게 생각하지 말고 완벽하지 않더라도 할 수 있는 만큼, 오래오래 지속하자는 생각으로 시작해 보았으면 한다.

비건 Vegan '완전 채식'을 하는 채식인을 가리킨다. 육고기, 해산물, 난류, 유제품 등의 동물성 식품을 아예 섭취하지 않으며, 꿀, 팜유 같이 동물 착취로 만들어진 식품의 섭취도 지양한다.

락토 오보 베지테리언 Lacto Ovo Vegetarian 흔히 '베지테리언'이라고 부르는 개념이 여기에 속한다. 육고기, 해산물은 섭취하지 않지만 난류와 유제품은 허용한다. 베지테리언 안에서도 락토 베지테리언(난류✕ / 유제품◯)과 오보 베지테리언(난류◯ / 유제품✕)을 구분하기도 한다.

페스코 베지테리언 Pesco Vegetarian 육고기를 섭취하지 않지만 해산물은 허용한다. 난류, 유제품도 허용한다.

폴로 베지테리언 Pollo Vegetarian 육고기 중 소고기와 돼지고기는 섭취하지 않지만 가금류(닭, 오리 등)는 허용하는 채식 타입이다.

tip.

채식 타입이 몇 가지 종류로 나눠져 있다고 해서 그 안에 국한되어 비거니즘을 실천할 필요는 없다. 국내 문화에 맞춰 생겨난 아래의 유형들도 참고하여 스스로에게 맞는 채식을 천천히 실천해보는 것을 추천한다.

비건 지향 페스코 : 액젓, 멸치육수 등을 많이 사용하는 한국에서 조금 더 실천하기 쉬운 채식 타입. 보통 요리에 들어가는 해산물 육수나 액젓 등은 허용하되, 비건 식습관을 지향한다.

비덩 : 덩어리 고기를 섭취하지 않는 채식 타입. 눈에 보이지 않는 육수나 액젓 등은 허용하되 비건 식습관을 지향한다.

채식 장보기

채식을 막 시작했을 때에는 장 볼 때 단순히 육류를 사지 않고 채소를 더 자주 구입하면 될 거라고 생각했다. 점점 실천해 나가면서 채식인으로서 장보기가 생각보다 어렵다는 걸 깨달았다. 눈에 띄지 않게 첨가되어 있는 동물성 원료들을 구분해내는 것도 힘들고, 일회용품과 과대포장이 되어 있는 제품을 마주하는 것도 불편했다. 장 보는 일이 조금 더 편해질 수 있도록 그동안 터득한 몇 가지 정보를 공유하려 한다.

비건 제품 확인하기

아직까지 일반 마트에 비건을 위한 코너가 따로 마련된 곳은 많지 않다 보니 장 보는 것이 쉽지 않다. 비건 제품이 맞는지 아닌지 찾아보느라 장 보는 시간이 한없이 길어지기도 한다. 비건 제품을 1차적으로 골라낼 때는 포장지 뒷면의 '알레르기 유발 물질' 표기 부분을 체크해보자. 식약처에서 알레르기 유발 물질 22가지를 지정해 특정 성분에 알레르기를 가진 사람이 피할 수 있게 표시하는 제도를 시행하는데, 이 항목에 논비건 성분이 적혀 있다면 그 제품을 내려 놓는 방법으로 80% 정도 논비건 제품을 걸러낼 수 있다. 이 부분은 눈에 띄게 표시되어 있어 보기도 편하다. 하지만 젤라틴, 일부 해산물(가다랑어, 멸치 등), 일부 동물 유래 화학

조미료들을 체크하기 위해 2차적으로는 원재료명 표기 칸을 꼼꼼히 살피는 습관을 들이는 것이 좋다. 원재료명 표기 칸에 소고기, 돼지고기, 닭고기, 가다랑어, 멸치, 오징어, 어육살, 달걀, 원유, 전지분유, 연유, 버터, 생크림, 꿀, 프로폴리스, 비타민 D3, 락색소, 코치닐색소, 카르민색소 등 동물 유래 성분이 하나라도 적혀있다면 비건 제품이 아니다.

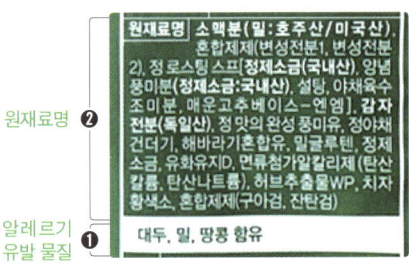

식약처 지정 알레르기 유발 물질 표시 대상
난류(가금류 한정), 우유, 메밀, 땅콩, 대두, 밀, 고등어, 게, 새우, 돼지고기, 복숭아, 토마토, 아황산류, 호두, 닭고기, 소고기, 오징어, 조개류(굴, 전복, 홍합 포함), 잣 등

비건 추천 제품 기본 식재료 외에 떨어지지 않게 구비해두는 비건 제품과 처음엔 몰랐는데 알고보니 비건인 제품들을 소개한다.

 **포두부(쌈두부), 두부면, 유부** 포두부와 두부면은 두부의 수분을 빼서 가공한 건두부이며, 유부는 두부를 기름에 튀긴 것이다. 일반 두부 만큼이나 활용도가 높은 비건 식재료이다.

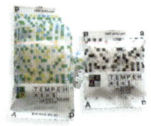 **템페** 콩을 발효시켜 만든 인도네시아 음식. 생김새는 두부와 비슷하고, 성질이나 맛은 청국장에 가깝다. 청국장이 끈적끈적한 것에 반해 템페는 단단한 질감을 갖고 있다. 고단백 식품이라 채식인들이 애용하는 재료이다.

비건 모짜렐라치즈 비건 밀크, 뉴트리셔널 이스트, 전분가루, 한천가루, 타피오카가루 등을 베이스로 해 만든 비건용 치즈이다.

코코넛밀크 야자나무의 열매인 코코넛 과육에서 뽑은 진액을 가공한 것. 수프, 스튜, 카레 등에 우유 대신 넣어 풍미를 낸다.

아몬드 브리즈, 두유 우유나 생크림 대신 사용하는 식물성 유제품. 음료류를 만들 때는 향이 덜하고 조금 더 묽은 아몬드 브리즈를, 요리를 할 때에는 좀 더 되직한 두유를 추천한다.

땅콩버터 버터라는 이름 때문에 오해를 사기도 하지만 대부분의 땅콩버터는 비건 제품이다.

잇츠베러 마요네즈, 오뚜기 소이마요 콩 및 식물성 원료를 활용한 마요네즈. 고소한 맛이 일품인 잇츠베러 제품은 마트에서 구하긴 쉽지 않아 온라인몰 이용을 추천. 오뚜기 소이마요는 익숙한 맛에 저렴한 가격으로 대형 마트에서 쉽게 구할 수 있다.

연두 100% 순식물성 콩발효 조미료. 액젓 대체품으로 사용하기 좋고, 채수를 낼 때 더하면 감칠맛을 내준다. 국간장도 비건 제품이긴 하지만 맑은 요리를 할 때 국간장 대신 연두를 사용하면 깔끔한 비주얼과 맛을 살릴 수 있다.

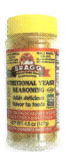
뉴트리셔널 이스트(영양 효모) 불활성화 효모(deactivated yeast)로 베이킹을 할 때 빵을 부풀리기 위해 사용하는 살아있는 이스트와는 성질이 다르다. 완전 채식을 하는 사람들에게 부족하기 쉬운 비타민 B12가 풍부해 영양 보충을 위해 먹기도 하며, 맛이 콤콤하고 고소해서 파마산 치즈 대용으로 사용하기도 한다.

마라소스 얼얼한 맛을 내는 중국 향신료 '마라(麻辣)'를 이용해 만든 소스. 가끔 자극적인 매운맛이 당길 때 시판 마라소스, 두부면, 당면, 각종 채소를 활용해 마라탕(116쪽)을 끓여 먹으면 스트레스가 풀린다.

백설 매콤한 돼지갈비양념 갈비 양념을 꼭 갈비 재울 때만 사용하라는 법 있나! 매콤한 볶음요리나 떡볶이를 만들 때 사용하면 좋은 양념이다.

백설 치킨튀김가루 프라이드 치킨을 만드는 용도의 튀김가루인데 성분이 비건이다. SNS에서 입소문을 타고 많은 채식인들이 애용하고 있다. 버섯에 치킨튀김가루를 묻혀 튀기면 훌륭한 안주가 된다(버섯 프라이드 130쪽).

식물성 패티 식물성 원료를 활용해 패티 형태로 만든 제품으로 온라인 몰이나 대형 마트에서 쉽게 구할 수 있다. 단백질 공급원으로도 좋다.

채담만두 콩비지와 두부, 채소로 만든 소를 채운 비건 만두. 속이 비치는 쫄깃한 얇은 피가 특징이다.

오뚜기 채황, 풀무원 정면 오뚜기 채황과 풀무원 정면은 시중에 나온 비건 라면들 중 가장 접근성이 좋은 제품이다. 채황은 비교적 순한맛이고, 정면은 우리가 아는 매콤한 라면 맛이 난다.

장 볼 때 유용한 곳

마르쉐 명동, 혜화, 합정, 성수 등에서 번갈아가며 한 달에 한 번씩 팝업 형태로 열리는 파머스마켓. 규모가 큰 농부시장과 채소들만 모아 파는 채소시장 2가지 형태로 운영된다. 대부분의 상품들이 유기농이며 작물을 기른 농부에게 직접 구매할 수 있어 중간 유통 과정에서 발생하는 탄소발자국을 줄일 수 있다. 농부시장은 공예품과 먹거리도 다양하게 있어서 구경하는 재미의 폭이 더욱 넓다.

marcheat.net

비건스페이스 해방촌에 위치한 비건 식료품 가게. 일반 마트에서 구하기 힘든 수입 제품들과 소분된 향신료들이 잘 구비되어 있다. 온라인 몰도 있어 간편하게 주문할 수 있지만 오프라인 매장에 방문해서 다양한 비건 제품들을 구경해보는 것도 추천한다.

veganspace.co.kr

알맹상점 망원동에 위치한 제로웨이스트숍. 세제, 치약, 화장품 등의 생필품은 물론 올리브유, 원두, 찻잎 등의 식료품까지 판매한다. 재사용 용기를 직접 준비해가는 것이 좋으며 매장에서 세척된 유리병을 구매한 후 포장 용기로 사용할 수도 있다. 가끔 채소나 과일, 비건 버터, 비건 요거트 등을 판매하는 팝업마켓이 열리며 상시로 유리용기, 플라스틱용기, 테트라팩 등을 회수해 재활용하는 커뮤니티 회수 센터를 운영하기도 한다.

채우장 연희동 카페 '보틀팩토리'에서 팝업 형태로 운영하는 제로웨이스트 마켓. '내 용기에 채우는, 버릴 것 없는 장터'란 슬로건을 내세우며 각종 식료품과 세제 등을 판매한다.

더 피커　서울숲에 위치한 제로웨이스트숍. 견과류, 파스타, 잡곡 등의 식료품과 제로웨이스트 라이프 스타일에 필요한 다양한 상품들을 판매한다.
⌂ thepicker.net

헬로네이쳐　식료품 온라인 몰로 비건 카테고리가 따로 있어 쇼핑하기가 편하다. 다회용 택배 박스를 사용하는 '더 그린배송'을 시행해 택배 주문에서 발생하는 쓰레기도 줄일 수 있다.
⌂ hellonature.co.kr

생협(생활협동조합)　생산자와 소비자의 직거래를 통해 중간마진을 줄인 것이 특징인 곳. 주로 국산, 로컬푸드를 취급하기에 탄소발자국을 줄일 수 있다.

언리미트　대체육, 식물성 고기를 전문으로 판매하는 온라인 몰. 못생긴 농산물(재고)의 소비를 촉진하기 위해 쇠고기 대체 육류인 '언리미트'를 개발했다고 한다. 버거 패티, 슬라이스, 민스(다짐육) 등 다양한 형태의 식물성 고기를 구입할 수 있다.
⌂ unlimeat.com

베스트 삼백　다이어터, 비건을 위한 제품을 판매하는 온라인 몰. 식물성 고기, 만두, 라면, 빵, 간식, 소스, 음료 등 다양한 비건 제품이 모여 있어서 여러 가지를 한 번에 사기 좋다.
⌂ best300.co.kr

채식 외식하기

채식을 하다 보면 지인과 외식을 하는 것에 종종 어려움을 느낄 때가 있을 것이다. 하지만 요즘엔 비건을 타깃으로 한 식당과 카페가 많아지고 있고, 일반 식당이나 프랜차이즈 음식점에서도 비건 옵션이 다양해지고 있는 추세이다. 거주하는 지역에 따라 나만의 비건 식당 리스트를 만들어두면 일상에서 채식을 실천하는 데 큰 무리가 없을 것이다.

비건 식당

몽크스부처(이태원) 고급스러운 분위기의 비건 레스토랑. 파스타, 치킨, 버거, 스테이크와 같은 일반적인 음식에 채소를 접목시켜 특색있게 개발한 메뉴들이 인상적이다.
추천메뉴 노루궁뎅이버섯 치킨, 미나리 파스타, 땅콩소바

베가니끄(이대) 케이크, 스콘, 브라우니 등의 비건 디저트를 판매하는 곳. 비건 베이커리라고 누가 말해주지 않으면 아무도 모를 정도로 비주얼도 예쁘고, 논비건이 먹기에도 맛있다.
추천메뉴 얼그레이 파운드케이크, 플럼 브라우니, 노밀크 밀크티

베제투스(해방촌) '활력 있는, 기운찬'의 뜻을 가진 라틴어 베제투스(vgtus)에서 따온 이름. 채소만이 주는 활기찬 식사를 추구하는 곳으로 비건 패티와 비건 치즈를 사용한 버거가 인기 있다.
추천메뉴 베제투스 버거, 할라페뇨 버거

빵어니스타(연남) 일반 빵의 재료에 알러지를 가진 주인장이 운영하는 베이커리 겸 카페. 판매하는 제품이 비건, 글루텐 프리인 것이 특징이다. 귀리우유로 만든 비건 눈꽃빙수도 이색적이다.
추천메뉴 비스코티, 말차빙수

몽크스부처

베가니꼬

베제투스

어라운드그린(망원)　피자, 파스타, 리소토, 카레 등을 가정식 느낌으로 즐길 수 있는 곳. 비건 베이커리 코너도 있다.

`추천메뉴` 세 가지 버섯피자, 두유크림 파스타

제로비건(잠실)　국내 최초의 채식 해장국 전문점. 버섯과 채수를 활용해 해장국을 만든다.

`추천메뉴` 얼큰 채수 해장국, 감자탕, 새송이강정

평상시(망원)　비건 디저트를 파는 예쁜 카페. 달마다 디저트 라인업이 바뀐다. 베이스 음료는 우유 / 넛밀크 중에 선택 가능하다.

`추천메뉴` 피넛버터 브라우니, 빅토리아 케이크

천년식향(서초)　파인다이닝 느낌의 비건 레스토랑. 다양한 내추럴 와인들이 준비되어 있고, 분위기가 따뜻해 특별한 날 방문하기 좋다.

`추천메뉴` BETTER THAN SEX, 버섯피자

플랜트(이태원)　버거, 샌드위치, 랩, 부리또, 파스타 등 양식 위주의 메뉴를 선보이는 비건 음식점. 수요일마다 스페셜 메뉴를 주문할 수 있다.

`추천메뉴` 부리또 랩, 그린커리, 커리 플레이트

어라운드그린

평상시   천년식향

플랜트

비건 옵션 식당　**가원(망원)**　대부분의 메뉴를 비건 옵션으로 주문할 수 있는 중식당. 가지튀김에 칠리소스를 얹은 가지칠리를 강력 추천한다.

추천메뉴　가지칠리

롯데리아　콩으로 만든 패티를 사용하는 버거와 밀로 만든 패티를 사용하는 버거 2가지 비건 옵션 메뉴를 맛볼 수 있다.

추천메뉴　스위트 어스 어썸버거, 미라클버거

발효카페 큔(서촌)　청와대 근처에 위치한 발효 음식 전문점으로 비건 옵션 메뉴가 있다. 낮에는 채소스프, 간단한 채소요리, 발효 음료를 즐길 수 있는 카페로 운영되며(낮큔), 밤에는 발효요리와 술을 즐길 수 있는 예약제 공간으로 운영된다(밤큔).

추천메뉴　런치 세트

부자피자(이태원)　이탈리아 스타일의 화덕피자 전문점. 쫀득한 도우가 특징이며 가지와 주키니가 큼지막하게 얹어져 있는 비건 옵션 메뉴 베지타리아나 피자를 맛볼 수 있다.

추천메뉴　베지타리아나 피자

사직동 그 가게(서촌)　티베트 난민사회를 지원하는 NGO 단체 ROGPA에서 운영하는 가게. 두부 커리, 야채 커리 등 몇 가지 비건 옵션 메뉴가 있다. 티베트 마을에 온 듯한 아기자기한 인테리어가 인상적이다.

추천메뉴　두부 커리

서브웨이　각종 채소와 치즈만이 기본으로 들어가는 베지 썹을 추천. 옵션으로 치즈를 뺄 수 있고, 빵과 소스를 고를 때 비건 표시를 보고 선택할 수 있다.

추천메뉴　베지 썹

가원

발효카페 큔

부자피자

사직동 그 가게

카우떡볶이(이대) 국물 떡볶이 전문점으로 채식 떡볶이, 채식 짜장떡볶이, 채식 로제떡볶이, 채식 까르보나라 떡볶이 등 다양한 비건 옵션 메뉴가 있다.

추천메뉴 　채식 로제떡볶이, 단호박튀김

손오공 마라탕(홍대) 채수 옵션이 있는 마라탕집. 돼지고기 대신 버섯으로 만드는 꿔바로우도 맛볼 수 있다.

추천메뉴 　채수 마라탕, 버섯 꿔바로우

슬런치 팩토리(상수) 논비건, 폴로, 페스토, 락토, 비건 등 다양한 채식 타입을 아우르는 메뉴가 준비되어 있다. 때문에 논비건 친구들과 식사하기에 좋다.

추천메뉴 　그린빈 토마토 리조토, 버섯 쌀국수 비빔면

칙피스(가로수길/성수) 지중해식 샐러드, 샌드위치 전문점으로 비건 옵션 메뉴가 다양하다. 병아리콩을 여러 가지 향신료와 반죽해 튀긴 팔라펠이 맛있다.

추천메뉴 　더 비건 샐러드, 팔라펠, 통구이 컬리플라워

파파존스 각종 채소 토핑이 올라간 가든 스페셜 피자에서 치즈만 빼면 비건으로 즐길 수 있다. 배달 앱이 아닌 홈페이지에서 주문하면 주문 과정에서 치즈 옵션 선택이 가능하다.

추천메뉴 　가든 스페셜 피자

하궁(삼청동) 채식 쟁반짜장, 채식 짬뽕, 표고탕수 등의 비건 옵션 메뉴가 있는 중식당. 깐풍표고는 따로 요청하면 주문 가능한데 먹어본 비건 튀김 요리 중에 최고라 할 수 있을 정도로 맛있다.

추천메뉴 　채식 짬뽕, 깐풍표고

손오공 마라탕

칙피스

하궁

채식 습관 갖기

가끔 한 번씩 채식을 시도해보는 것도 좋지만 꾸준히 지속해나가고 싶단 마음이 든다면 일상에서 실천할 수 있는 소소한 습관을 가져보자. 작은 습관들이 채식을 더 재밌게, 더 뜻깊게 만들어줄 것이다.

커뮤니티, 어플 활용하기

대표적인 채식 커뮤니티 '채식한끼' 어플을 이용하면 많은 정보를 얻을 수 있다. 위치 정보를 허용하면 내 주변 채식 가능한 음식점을 찾아볼 수 있고, 음식점 후기, 다양한 비거니즘 관련 콘텐츠를 모아 볼 수 있다. 이용자들이 직접 쓴 글들도 볼 수 있어서 유용하다.

문화 생활 즐기기

다큐멘터리 보기 채식을 해야 하는 이유에 대해 다룬 넷플릭스 다큐멘터리 〈What the health〉를 추천. 동물권, 환경, 건강 관련한 문제를 모두 다루고 있어 비거니즘에 대해 한 번쯤 깊게 생각해볼 수 있는 계기가 되어줄 것이다.

채식 관련 매거진, 책 보기 채식 관련 매거진 〈월간 비건〉은 트렌디한 채식 정보를 온라인 만큼 빠르게, 보다 깊이 있게 전해주어 유익하다. 채식 관련한 책들을 꾸준히 보는 것도 채식을 이어가는데 도움이 되는데 그림 에세이 〈나의 비거니즘 만화〉를 특히 추천하고 싶다. 비거니즘 철학, 비건으로 살아가는 일상, 비건식 등의 이야기를 귀여운 만화로 접할 수 있는 책이다. 부담 없이 재밌게 볼 수 있으면서도 이런저런 생각거리를 던져주어 여러 방면에서 도움이 된다.

채식 관련 뉴스레터 구독하기　베지테리언 라이프를 지향하는 사람들을 위한 뉴스레터 서비스 베리베지. 메일 주소를 입력하면 매주 화요일마다 쉽고 간편하게 읽을 수 있는 채식 관련 소식을 전달해 준다.
⌂ veryvezy.oopy.io

쿠킹클래스, 페어 등 오프라인 행사 참여하기　요리에 재미를 들이면 일상에서 채식을 지속하기가 훨씬 수월하다. 쿠킹클래스에 몇 번 참여해보면 채식 요리의 매력을 좀 더 생생하게 느낄 수 있다. 또한 비슷한 관심사를 가진 이들이 모이는 채식 관련 오프라인 행사에 참여하는 것도 채식을 즐겁게 이어가는데 도움이 된다. 개인적으로 좋아하는 쿠킹클래스는 마크로비오틱 비건 요리를 배울 수 있는 '뿌리 온 더 플레이트'의 클래스. 좋은 재료들을 버리는 것 없이 사용하고 예쁘게 플레이팅하는 법까지 배울 수 있다. 계동에 위치한 멋진 공간에서 들을 수도 있지만 집에서 온라인으로도 수강이 가능하다. 추천할만한 행사로는 매년 열리는 '비건 페스티벌'. 각지에 퍼져있는 비건 식당, 카페, 숍 등 다양한 브랜드를 한 곳에서 만날 수 있다. 2021년 18번째로 개최되는 환경영화제 SEFF(Seoul Eco Film Festival)도 추천한다. 비거니즘 영화와 관련 이벤트를 찾아볼 수 있다.

쿠킹클래스

비건 페스티벌

환경영화제

채식 관련 SNS 계정 팔로우하기	@bevegan21 비건이 즐길 수 있는 다양한 시판 제품들을 소개하고 리뷰해 주는 계정이다. @tozeetoon 비건과 관련한 인스타툰이 업로드되는 계정. 비건으로 살아가는 일상에 관한 이야기들을 가볍고 재밌게 볼 수 있다. @hyo_vegan 꾸준히 식단 기록을 하며 일상 채식에 도움이 될만한 실용적인 정보를 공유해 준다.
좋아하는 간식 리스트업하기	채식을 즐겁게 이어가기 위해서는 내 입에 맞는 비건 간식 몇 가지를 파악해두면 좋다. 근처 편의점이나 드러그스토어에서 쉽게 구할 수 있는 비건 성분의 과자, 과일 말랭이, 채소칩, 음료 등을 알아두는 것도 팁이다. 차를 즐겨 마시는 것도 채식 식습관을 지속하는 데 도움이 된다. **비거닉 믹스 루트칩** 고구마, 토란 등으로 만든 알록달록 뿌리채소 칩. 3가지 맛이 있으며 스모크 바비큐맛을 추천한다. **레이즈 클래식 감자칩** 짭조름한 맛의 감자칩. 맥주 안주로 잘 어울린다. **소이본 템페칩** 템페와 해바라기씨유를 활용해 만든 바삭한 칩. 단백질이 풍부해 영양을 챙길 수 있으며, 고소한 맛이 좋아 간식으로 제격이다. **잇츠베러 크래커** 초코시나몬, 쑥, 얼그레이, 약콩, 통밀츄러스 등 다양한 맛의 비건용 크래커. 튀기지 않고 오븐에 구워 가볍게 즐길 수 있다. **LAURIERI Quadrotti 카카오쿠키** 진한 카카오맛의 쿠키. 먹기 좋은 크기에 많이 달지 않아서 차와 함께 먹기 좋다.

식단일기 쓰기

채식을 실천하기로 마음먹었다면 꾸준히 식단일기를 써보는 것도 추천한다. 노트에 써도, SNS에 게시글을 올려도 좋다. 장 보는 과정, 레시피, 먹는 동안의 기분, 새로 알게 된 식재료, 채식 맛집, 실천하며 느낀 불편한 점 등 채식과 관련한 이런저런 일상에 대해 기록하다 보면 조금 더 재밌게 채식을 지속할 수 있을 것이다. 몇 년 전부터 지금까지 SNS상에서는 채식 관련 게시글을 올릴 때 '#나의비거니즘일기'라는 해시태그를 달아 실천기를 공유하는 것이 하나의 트렌드처럼 자리 잡고 있다. 같은 관심사를 가진 사람들과 정보를 나누고 소통하는 즐거움을 누려보길 바란다.

제로웨이스트 실천하기

식습관을 바꾸는 데서 나아가 환경을 보호하기 위한 소소한 행동을 꾸준히 실천해보자. 제로웨이스트 실천에 있어서는 애초에 쓰레기를 만들지 않으려는 노력이 중요하다. 습관처럼 텀블러, 장바구니를 들고 다니며 큰 가방뿐만 아니라 작은 천 주머니들도 함께 준비해두면 채소, 과일 같은 식재료를 살 때 유용하다. 또한 배달 음식, 택배만 줄여도 집에서 발생하는 쓰레기 양이 확실히 줄어든다. 배달 대신 밀폐용기에 테이크아웃하기, 재사용 택배박스를 사용하는 쇼핑몰 이용하기(헬로네이처 더 그린배송) 등 쓰레기를 줄이는 습관을 실천해보자. 나아가 음식물 쓰레기를 줄이는 것도 습관화하면 좋다. 기본적으로 음식을 남기지 않으려고 노력하며 감자, 당근 등 보통 껍질을 벗겨 먹는 채소들을 솔로 깨끗이 문질러 씻어 껍질까지 버리지 않고 먹도록 한다. 농가에서 상품성이 떨어진다는 이유로 폐기되는 친환경, 유기농 채소를 저렴하게 구입할 수 있는 마켓을 이용하는 것도 추천한다.

어글리어스 마켓 @uglyus.market

먹거리 외 비건 제품 사용하기

당장 완전한 비건 식생활을 실천하기가 어렵게 느껴진다면 일상생활에서 쓰고 있는 화장품, 목욕용품, 세제 등의 물품부터 차근차근 비건 제품으로 바꿔보는 것도 좋다. 우선 사용하고 있는 제품을 다 쓴 후 새 제품을 사야할 때 비건 마크, 크루얼티 프리 마크(cruelty-free, 동물실험을 하지 않았다는 표식)가 있는 제품들을 찾아보자. 조금씩 라이프스타일 전반에 걸쳐 비건을 지향하는 움직임을 갖다 보면 채식이 더 가치 있게 느껴질 것이다.

일러두기

- 이 책에 소개된 레시피의 계량은 밥숟가락, 종이컵 기준이다.
- 주방 환경에 따라 조리 시간이나 불 세기가 달라질 수 있어 정확한 측정치 제시를 지양했다. 주의해야 할 과정은 조리 상태를 보며 확인할 수 있도록 레시피를 좀 더 상세히 서술했다.
- '한 그릇' 음식이다 보니 대부분 1인분을 기준으로 개발했다. 1인분 이상의 양을 만드는 것이 좀 더 용이한 메뉴의 경우 1~2인분, N회분으로 제시하기도 했다.

chapter 1

일 상 채 식
밥 한 그 릇

#1 김치볶음밥

ingredients

30분 / 1인분(양념 3~4회분)

밥 1공기
참기름 1큰술

볶음김치 양념
새송이버섯 1/2개
대파 15cm
다진 마늘 1큰술
식용유 3큰술

통조림 옥수수 1/2컵
잘게 썬 김치 1컵
김칫국물 1컵
국간장 1/2큰술
올리고당 2큰술
고춧가루 1큰술
카레가루 1/2큰술

볶음김치 양념을 넉넉히 만들어두었다가 그때그때 밥에 섞는 방식의 김치볶음밥. 이마저도 시간이 없을 땐 따뜻한 밥에 양념을 얹어 비빔밥으로 먹어도 좋다. 주먹밥으로 뭉친 후 김가루에 굴려 도시락 메뉴로 활용하는 것도 추천! 볶음김치에 새송이버섯과 옥수수를 넣어 씹는 재미를 살리는 것이 하나의 팁이다.

recipe

1. 새송이버섯은 잘게 다지고 대파는 어슷 썬다.
2. 달군 팬에 식용유, 대파, 다진 마늘을 넣고 볶는다.
3. 물기를 뺀 옥수수를 넣고 수분을 날려가며 볶다가 새송이버섯을 넣고 볶는다.
4. 잘게 썬 김치, 김칫국물, 국간장, 올리고당을 넣고 볶는다.
5. 국물이 자작해지면 고춧가루, 카레가루를 넣고 수분이 날아가 꾸덕해질 때까지 볶는다.
    tip. 냉장 보관해 두었다가 그때그때 꺼내 활용한다.
6. 달군 팬에 밥, 볶음김치 양념 적당량, 참기름을 넣고 볶는다.
    tip. 양념은 간을 보며 가감한다.

#2

채소 강된장덮밥

ingredients

30분 / 1~2인분

밥 1공기
두부 1/2모(작은 팩, 100g)
표고버섯 2~3개
애호박 1/3개
가지 1개
참기름 2큰술
다진 마늘 1큰술
송송 썬 대파 15cm 분량
채수 또는 물 1컵

양념
된장 2큰술
고춧가루 1큰술
매실청 1큰술
맛술 1큰술
국간장 1/2큰술

채소를 한 번 볶아 본연의 감칠맛을 최대한 끌어낸 강된장. 으깬 두부로 농도를 조절해 고소한 맛도 일품이다. 된장 양념을 머금은 가지가 특히 맛있으니 다른 채소가 없다면 가지를 반 개 추가해 만드는 것을 추천한다.

1. 표고버섯은 채 썰고, 애호박과 가지는 0.5cm 두께의 반달 모양으로 썬다.
2. 작은 볼에 양념 재료를 섞는다. 두부는 끓는 물에 가볍게 데친 후 칼등으로 으깬다.
3. 깊은 팬에 참기름, 다진 마늘, 송송 썬 대파를 넣고 볶는다.
4. 대파가 노릇해지면 가지 → 애호박 → 표고버섯 순으로 넣어가며 볶는다.
5. 채소의 숨이 죽으면 섞어둔 양념을 넣고 볶는다.
6. 재료와 양념이 잘 섞이면 채수, 으깬 두부를 넣고 수분이 충분히 날아갈 때까지 졸인다. 그릇에 밥, 강된장을 담는다.

#3 두부 김밥

ingredients

50분 / 3줄

김밥 김 3장
두부 1/2모
(작은 팩, 100g)
식용유 2큰술
김밥용 단무지 3줄
김밥용 우엉조림 적당량
소이 마요네즈 적당량

오이절임
오이 1개
소금 1/2큰술

당근볶음
당근 1/3개
식용유 1큰술
소금·후추 약간

시금치무침
시금치 1과 1/2줌(약 80g)
참기름 1/2큰술
연두 또는 국간장 1/2큰술
다진 마늘 1/2큰술
통깨 약간

양념밥
밥 3공기
참기름 3큰술
소금 1작은술
통깨 1작은술

두부 양념
진간장 2큰술
올리고당 1큰술

김밥을 사 먹을 때 달걀, 햄, 맛살을 빼 달라고 한 후 가격과 나머지 재료들의 양은 그대로 인 가느다란 김밥을 마주하면 괜스레 서러운 마음이 든다. 사 먹는 김밥에 대한 아쉬움을 달래기 위해 가끔씩은 조금 번거로워도 건강한 재료로 꽉꽉 채운 실한 홈메이드 김밥을 만들어 먹는다. 도톰하게 썬 두부를 구워 넣으면 마음도 속도 풍족해진다.

recipe

1. 두부는 길게 썬 후 키친타월로 물기를 제거한다.
2. 오이는 길게 썬 후 소금을 뿌려 10분 정도 절인다. 절인 후 물기를 꼭 짠다.
3. 당근은 채 썬다. 달군 팬에 식용유를 두르고 당근, 소금, 후추를 넣어 볶는다.
4. 시금치는 다듬어서 끓는 물에 1~2분간 데친 후 시금치무침 재료와 버무린다.
5. 달군 팬에 식용유를 넉넉하게 두른 후 두부를 넣어 뒤집어가며 바싹 굽는다.
6. 볼에 양념밥 재료를 섞는다. 속재료들도 준비한다. 두부 양념을 섞는다.
7. 김에 밥을 얇게 펼친 후 속재료를 취향껏 넣은 후 구운 두부 위에 두부 양념을 바르고 소이 마요네즈를 1줄로 쭉 짠다. 돌돌 말아 썬다.

#4

나물 비빔밥

• *ingredients*

20분 / 1인분

밥 1공기
시금치 1줌(50g)
숙주 1줌
표고버섯 2~3개
당근 1/2개
애호박 1/3개
얼린 두부 1/4모
(작은 팩, 생략 가능)

굵은소금 1/2큰술
연두 또는 국간장 1큰술
참기름 1~2큰술
식용유 1큰술
소금·후추 약간
진간장 1큰술(또는 고추장)

채식을 시작하고 두려웠던 순간 중 하나는 명절이다. 먹는 것이 신통치 않은 날 보고 어른들이 어떤 소리를 할지 괜히 걱정이 되었다. 우려와는 달리 입맛에 딱 맞는 음식이 있었다. 고추장이 아닌 간장에 비빈 나물 비빔밥! 경상도에서는 비빔밥을 간장에 비벼 먹는데 나물 맛이 살아있어서 정말 맛있다. 덕분에 누구보다 맛있게 식사를 했고, 이후 채식 선언을 한 나를 다들 좋은 시선으로 봐주었다.

● *recipe*

1. 시금치는 밑동을 제거한 후 먹기 좋은 크기로 떼어낸다. 숙주는 씻어 준비한다.
2. 표고버섯, 당근, 애호박은 채 썬다. 얼린 두부는 찬물에 담가 해동한 후 물기를 짜고 한입 크기로 썬다.
3. 냄비에 넉넉한 양의 물, 굵은소금을 넣고 끓인다. 팔팔 끓으면 숙주를 먼저 넣고 2~3초, 시금치를 넣고 20~30초 정도 각각 데친다.
4. 데친 숙주와 시금치를 각각 다른 볼에 담고 연두와 참기름으로 간을 맞춘다.
   tip. 다진 마늘을 더해도 좋다. 마늘을 넣지 않으면 보관 기간이 조금 더 늘어난다.
5. 달군 팬에 식용유를 두르고 표고버섯, 당근, 애호박, 얼린 두부를 각각 볶는다. 볶을 때 소금, 후추를 약간씩 뿌려준다.
6. 그릇에 밥과 재료를 담는다. 간장과 참기름을 더해 비빈다.

#5

파프리카 주먹밥

● *ingredients*

30분 / 1~2인분

밥 2공기
표고버섯 1~2개
파프리카 1/2개
애호박 1/5개
김밥용 단무지 1~2줄
식용유 1큰술
참기름 2큰술
소금 1작은술

입맛이 없더라도 눈앞에 뭔가 먹을 게 놓여 있으면 자꾸 손이 간다. 그 뭔가가 시선을 사로잡는 알록달록 예쁜 주먹밥이라면 더더욱! 주말 아침, 바쁜 하루를 앞두고 있을 때면 주먹밥을 한가득 만들어 식탁에 올려둔다. 허기질 때마다 오며 가며 하나씩 쏙쏙 먹으면 기운찬 하루를 보낼 수 있다. 이럴 때 문득 집에서 요리하는 소소한 즐거움을 진하게 느낀다.

● *recipe*

1. 표고버섯, 파프리카, 애호박, 단무지는 곱게 다진다.
2. 달군 팬에 식용유를 두르고 표고버섯, 파프리카, 애호박을 넣고 중간 불에서 수분을 날려가며 살짝 볶는다.
3. 볼에 밥, 볶은 채소, 단무지, 참기름, 소금을 넣고 섞는다.
4. 밥을 한입 크기로 뭉친다.

tip. 남은 주먹밥으로 아란치니 만들기 아란치니는 이탈리아 시칠리아 지역의 음식으로 주먹밥에 반죽을 입혀 튀긴 것이다. 박력분이나 튀김가루를 물과 섞어 요거트 점도의 반죽을 만든 후 주먹밥을 반죽에 굴린다. 이를 빵가루에 한 번 더 굴린 후 손으로 꽁꽁 뭉쳐준다. 달군 기름에 노릇하게 튀겨 케첩 또는 토마토소스를 곁들인다.

#6

순두부 찌개밥

● *ingredients*

30분 / 2~3회분(양념 5~6회분)

밥 1공기
순두부 1봉
모둠 버섯 150g
(팽이, 느타리, 새송이 등)
양파 1/2개
애호박 1/3개
채수 또는 물 1과 1/2컵
양념 2큰술

양념
식용유 1/4컵
참기름 1/4컵
송송 썬 대파 1/2컵
다진 양파 1컵
다진 마늘 2큰술
고춧가루 2/3컵
설탕 1큰술
소금 약간
진간장 1/4컵
국간장 1/4컵

쌀쌀한 바람이 불 때면 가장 먼저 생각나는 음식, 채소 듬뿍 넣은 순두부찌개. 양념을 넉넉히 만들어 놓으면 배고플 때 간단하게 해먹기 좋다. 첫날은 커다란 그릇에 한가득 떠먹고, 이튿날은 남은 찌개에 밥을 비벼 냄비째 먹어야 제맛. 순두부찌개를 끓일 때 항상 넉넉한 크기의 냄비를 준비하는 이유이다.

recipe

[양념]

1. 달군 팬에 식용유, 참기름을 두른 후 송송 썬 대파를 넣고 노릇해질 때까지 볶는다.
2. 다진 양파, 다진 마늘을 넣고 수분이 날아갈 때까지 볶은 후 고춧가루, 설탕, 소금을 넣는다.
3. 재료가 잘 섞이면 진간장, 국간장을 넣고 약한 불에서 한 번 더 섞는다. 밀폐용기에 담아 냉장 보관한다.

[찌개]

4. 모둠 버섯, 양파, 애호박은 먹기 좋은 크기로 썬다.
5. 냄비에 채수를 넣고 중간 불에서 끓기 시작하면 양념 2큰술을 푼다.
6. 양념이 다 풀리면 양파, 애호박을 넣는다.
7. 채소의 숨이 죽으면 버섯을 넣어 살짝 끓인다.
   tip. 이때 물이 적어 보이지만 순두부에서 물이 많이 나오니 안심할 것!
8. 순두부를 넣고 숟가락으로 큼지막하게 가른 후 한 번 더 바글바글 끓인다.
   그릇에 밥과 함께 담는다.

tip. 제로웨이스트 채수 만들기 채소를 손질할 때 버려지는 양파 껍질, 대파 뿌리, 버섯 밑동 그리고 버려질 위기의 자투리 채소를 활용하면 제로웨이스트 채수를 만들 수 있다. 양파는 흙이 묻어있는 겉껍질을 제거하고 안쪽의 깨끗한 껍질을 모아 물기 없이 보관하고, 대파 뿌리는 깨끗이 씻어 얼려두었다가 사용한다.

재료

물 500ml, 다시마 1장, 양파 껍질 1/2줌, 대파 뿌리 1~2개, 말린 표고버섯 2~3개(또는 버섯 밑동), 자투리 채소(당근, 양파, 셀러리, 무 등)

만드는 법

❶ 냄비에 모든 재료를 넣고 중약 불에서 끓인다.
❷ 끓어오르면 다시마를 건져내고 20분 이상 끓인다. 재료를 모두 건져내고 한 김 식힌 후 밀폐용기에 보관한다.

#7
달래장 쌈밥 플레이트

● *ingredients*

30분 / 1인분(달래장 5~6회분)

밥 1공기
구운 김 2장
모둠 채소 적당량
(당근, 애호박 등)
유부 3~4장
식용유 1/2큰술

달래장
달래 약 10줄기
진간장 6큰술
고춧가루 2큰술
연두 1큰술
올리고당 1큰술
참기름 1큰술
통깨 1큰술
설탕 1/2큰술

요리라는 취미를 갖게된 후로는 시장이나 마트에 봄나물이 가득한 것을 보고 봄이 왔음을 느낀다. 푸릇한 달래는 자취생에게 가성비 좋은 식재료이다. 쫑쫑 다져 양념장으로 만들어 놓으면 몇 날 며칠은 든든한 끼니를 즐길 수 있기 때문이다. 달래장을 볶은 채소와 유부, 김, 밥과 함께 한 접시에 담아 먹는 재미가 쏠쏠한 쌈밥 플레이트로 즐겨보자.

●
recipe

[달래장]

1. 달래는 시든 잎을 떼어내고 알뿌리 부분을 깨끗하게 다듬는다. 칼 옆면으로 알뿌리 부분을 꾹꾹 눌러준다.
2. 잘게 다진다.
3. 볼에 달래장 재료를 모두 섞는다.
   tip. 통깨는 절구에 살짝 빻아서 사용하면 더욱 고소하다.

[쌈밥]

4. 구운 김을 적당한 크기로 자르고, 채소와 유부를 준비한다.
5. 채소와 유부는 가늘게 채 썬 후 달군 팬에 식용유를 두르고 각각 살짝 볶는다.
6. 밥을 한입 크기로 뭉친 후 모든 재료를 한 접시에 담는다. 김에 밥, 달래장, 채소, 유부를 올려 미니 김밥처럼 싸 먹는다.

#8
가지 봄나물덮밥

ingredients

20분 / 1인분

밥 1공기
봄나물 80g
(돌나물, 세발나물 등)
가지 1개
식용유 1큰술

봄나물 양념

고춧가루 2큰술
진간장 1큰술
올리고당 1큰술
다진 마늘 1/2큰술

가지 양념

진간장 2큰술
올리고당 1큰술
(또는 아가베시럽)
맛술 1큰술
참기름 1큰술
다진 마늘 1/2큰술

도톰하게 썬 가지에 벌집 모양 칼집을 내고 짭조름한 양념을 발라 구우면 고기를 구운 것 같은 비주얼이 탄생한다. 먹음직스럽게 구운 가지를 밥에 턱 걸치고 야리야리한 봄나물 무침을 소복하게 올리면 눈도 입도 즐거운 덮밥이 완성된다.

recipe

1. 봄나물 양념 재료를 섞은 후 봄나물과 무친다. 작은 볼에 가지 양념 재료를 섞는다.
2. 가지는 세로로 길게 0.5cm 두께로 썬 후 안쪽면에 벌집 모양으로 칼집을 낸다.
3. 가지에 양념을 골고루 바른다.
4. 달군 팬에 식용유를 두른 후 가지를 넣어 약한 불에서 노릇하게 굽는다.
5. 그릇에 밥을 담고 구운 가지, 봄나물무침을 올린다. 가지를 가위로 먹기 좋은 크기로 자른 후 비비지 않은 밥에 가지 한 조각과 봄나물을 올려 먹는다.

#9

톳조림 덮밥

● *ingredients*

30분 / 1인분(톳조림 2회분)

밥 1공기
생 톳 200g
굵은소금 1/2큰술
유부 1~2장
당근 1/4개
대파 15cm
채수 또는 물 2컵

톳조림 양념
진간장 4큰술
설탕 2큰술
맛술 2큰술

오도독 씹는 식감이 매력적인 생 톳. 달콤 짭조름한 양념에 조려 따뜻한 밥에 얹어 먹으면 바다향이 듬뿍 느껴진다. 건강한 한 끼 식사가 주는 신선한 기운에 힘이 불끈 난달까. 남은 톳조림은 김밥 속재료로 활용해도 잘 어울린다.

recipe

1. 유부, 당근은 채 썰고, 대파는 얇게 어슷 썬다. 작은 볼에 양념 재료를 섞는다.
2. 생 톳은 깨끗하게 헹군 후 먹기 좋은 크기로 썬다. 깊은 팬에 넉넉한 양의 물과 굵은소금을 넣고 끓인다. 톳을 넣어 살짝 데친 후 건져낸다.
3. 깊은 팬에 데친 톳, 양념, 채수를 넣고 중간 불에서 뚜껑을 덮고 10분 정도 졸인다. 당근, 대파를 넣고 섞은 후 5~10분 정도 더 졸인다.
   tip. 원하는 톳의 식감에 따라 시간을 조절한다.
4. 그릇에 밥, 톳조림, 유부를 담는다.
   tip. 담백한 맛을 좋아한다면 그대로, 톳의 바다향이 부담스럽거나 고소한 맛을 좋아한다면 참기름 1큰술을 더해 먹는다.

10

봄나물 김밥

ingredients

40분 / 3줄

김밥 김 3장
봄나물 80g
(돌나물, 세발나물 등)
양파 1/4개
김밥용 단무지 3줄
김밥용 우엉조림 적당량

오이절임
오이 1개
소금 1/2큰술

당근볶음
당근 1/3개
식용유 1큰술
소금·후추 약간

봄나물 양념
고춧가루 2큰술
진간장 1큰술
올리고당 1큰술
다진 마늘 1/2큰술

양념밥
밥 3공기
참기름 3큰술
소금 1작은술
통깨 약간

김밥이 담긴 도시락을 들고 외출하면 먹기 몇 시간 전부터 마음이 설렌다. 내가 만든 거라 내용물을 다 아는데도 뚜껑을 열 때 간질간질한 기대감이 든다. 봄나물로 봄 내음까지 더한 김밥이라면 특별한 곳을 가지 않더라도 소풍 온 듯한 기분이 난다.

recipe

1. 오이는 길게 썬 후 소금을 뿌려 10분 정도 절인다. 절인 후 물기를 꼭 짠다.
2. 당근은 채 썬다. 달군 팬에 식용유를 두르고 당근, 소금, 후추를 넣어 볶는다.
   tip. 채 썬 당근은 볶기 전에 1줌 정도 따로 덜어둔다.
3. 양파 1/4개는 절반은 채 썰고 절반은 잘게 다진다. 봄나물 양념 재료를 섞은 후 다진 양파를 넣는다.
4. 볼에 봄나물, 채 썬 양파, 남겨둔 채 썬 당근 1줌, ③의 양념을 넣고 무친다.
5. 볼에 양념밥 재료를 섞는다. 김에 밥을 얇게 펼친 후 속재료를 취향껏 넣은 후 돌돌 말아 썬다.

11

공심채볶음 덮밥

ingredients

10분 / 1인분

밥 1공기
공심채 100g
식용유 1큰술
다진 견과류 1/2큰술
크러쉬드페퍼 1/2큰술
(또는 고춧가루)

양념
진간장 2큰술
올리고당 1큰술
(또는 아가베시럽)
다진 마늘 1/2큰술

동남아 음식 중 사이드 메뉴로 인기 많은 공심채볶음. 덮밥으로 활용하면 근사한 주메뉴로 업그레이드할 수 있다. 쿰쿰한 피쉬소스 대신 간장과 다진 마늘로 깔끔하게 맛을 내고, 크러쉬드페퍼로 칼칼한 매운맛을 더한 비건 공심채볶음 덮밥.

recipe

1. 공심채는 시든 잎을 제거하여 준비한다. 작은 볼에 양념 재료를 섞는다.
2. 공심채는 잎과 줄기를 분리한 후 손가락 두 마디 정도의 길이로 썬다.
3. 달군 팬에 식용유를 두르고 공심채 줄기부터 넣어 볶는다. 줄기의 숨이 약간 죽으면 잎과 양념을 넣고 센 불에서 빠르게 볶는다.
    tip. 얇게 썬 표고버섯을 더해도 좋다.
4. 그릇에 밥을 담고 공심채볶음, 다진 견과류, 크러쉬드페퍼를 취향껏 뿌린다.

#12

두부 채소볶음밥

• *ingredients*

20분 / 1인분

밥 1 공기
얼린 두부 1/2모(작은 팩)
냉동 채소믹스 1컵
(또는 다진 자투리 채소)
식용유 4큰술
다진 마늘 1/2큰술
연두 또는 국간장 1큰술

두부를 얼렸다 녹이면 사이사이의 수분이 빠져나가면서 스펀지 같은 독특한 식감이 난다. 유부와 비슷한데 그보다는 조금 더 담백한 느낌이다. 밥, 다진 채소와 함께 고슬고슬하게 볶으면 더욱 맛있게 즐길 수 있다.

● *recipe*

1. 얼린 두부는 찬물에 담가 해동시킨 후 물기를 꼭 짠다.
2. 달군 팬에 식용유를 두른 후 다진 마늘을 넣고 볶는다.
3. 마늘이 노릇해지면 냉동 채소믹스를 넣고 볶는다.
   tip. 냉동 채소믹스를 사용하면 언제든 간편하게 볶음밥을 만들 수 있다. 자투리 채소로 직접 만들어둬도 좋다.
4. 두부를 손으로 으깨가며 넣은 후 연두 또는 국간장으로 간을 맞추고 계속 볶는다.
5. 밥을 넣고 뭉치지 않게 풀어가며 볶는다.

13

깻잎 쌈밥

ingredients

30분 / 1인분(두부 쌈장 2회분)

밥 1공기
깻잎 15장
두부 1/2모(작은 팩, 100g)
표고버섯 2~3개
양파 1/4개
대파 10cm
식용유 2~3큰술
굵은소금 1/2큰술

양념
된장 2큰술
고추장 1큰술
올리고당 1큰술
참기름 1큰술
다진 마늘 1/2큰술

다양한 채소와 두부를 다져 넣은 홈메이드 쌈장. 채소가 씹는 식감을, 두부가 고소함을 살려주어 시판 쌈장과는 비교할 수 없게 맛있다. 동글동글 뭉친 주먹밥에 두부 쌈장을 비벼 데친 깻잎으로 감싸면 끊임없이 먹게 된다. 하나, 둘, 셋, 넷 정말 끊임없이!

recipe

1. 두부는 물기를 제거하고 칼등으로 곱게 으깬다. 표고버섯, 양파, 대파는 곱게 다진다. 작은 볼에 양념 재료를 섞는다.
2. 달군 팬에 식용유를 두르고 두부와 다진 채소를 넣어 볶는다.
3. 채소의 숨이 죽으면 양념을 넣고 볶는다. 어느 정도 어우러지면 불을 끄고 한 김 식힌다.
4. 냄비에 넉넉한 양의 물, 굵은소금을 넣고 끓인 후 깻잎을 넣어 약 10초간 데친다. 건져 찬물에 헹궈 물기를 꼭 짠다.
5. 볼에 밥, ③의 두부 쌈장 5큰술(약 1/2분량)을 섞는다. 깻잎은 잘 펼쳐 준비한다.
6. 밥을 한입 크기로 뭉쳐 깻잎으로 감싼다.

#14

간편 채소죽

ingredients

20분 / 1인분

밥 1공기
자투리 채소 약 1컵
(양파, 당근, 버섯, 애호박 등)
참기름 1큰술
채수 또는 물 2컵
소금 약간

아파서 기운이 없을 때면 냉장고의 자투리 채소를 모아 죽을 끓인다. 불린 쌀로 번거롭게 만드는 죽이 아닌 밥을 활용해 간편하게 만든다. 채소의 건강한 기운이 담긴 죽을 한 그릇 먹고 나면 속이 편안해지면서 힘이 불끈 난다.

recipe

1. 여러 가지 자투리 채소를 준비한다.
2. 채소는 푸드프로세서 또는 믹서로 곱게 다진다.
   tip. 칼로 곱게 다져도 된다.
3. 달군 냄비에 참기름을 두른 후 다진 채소를 넣고 볶는다.
4. 채수를 붓고 끓어오르면 밥을 넣는다. 밥이 푹 퍼질 때까지 약한 불에서 저어가며 끓인다. 먹기 좋을 정도로 부드러운 식감이 되면 소금으로 간을 맞춘다.
   tip. 눌어붙거나 끓으면서 튈 수 있으므로 약한 불에서 틈틈이 저어가며 끓인다.

15

아보카도장 비빔밥

● *ingredients*

20분(+숙성 1시간 이상) / 1인분(아보카도장 2~3회분)

밥 1공기
순두부 스크램블 2큰술
(135쪽 참고)
김가루 약간
참기름 1큰술

아보카도장

아보카도 1개
양파 1/4개
방울토마토 5~6개
진간장 8큰술
올리고당 3큰술
레몬즙 1큰술(또는 식초)
맛술 1큰술
생수 1컵

아보카도를 달걀장처럼 짭조름한 간장 양념에 담가 숙성시키면 훌륭한 밑반찬이 된다. 따뜻한 밥에 아보카도장, 구운 김, 참기름을 넣고 슥슥 비벼 먹어도 좋고, 삶은 소면에 얹거나 김밥 속재료로 활용해도 좋다. 밥과 비빌 때 순두부 스크램블도 듬뿍 얹으면 단백질이 꽉 찬 한 끼 식사를 즐길 수 있다.

recipe

1. 아보카도는 반으로 갈라 씨를 제거하고 껍질을 벗긴 후 얇게 썬다. 양파는 채 썰고, 방울토마토는 2등분한다.
2. 밀폐용기에 ①의 재료를 담고 다른 그릇에 나머지 아보카도장 재료를 섞는다.
3. 재료들이 푹 잠기게 ②의 아보카도장 소스를 붓고 뚜껑을 덮어 냉장고에서 1시간 이상 숙성시킨다.
4. 그릇에 밥을 담고, 아보카도장 건더기, 아보카도장 소스 2큰술, 순두부 스크램블을 담는다. 김가루와 참기름을 뿌린다.

#16

묵밥

● *ingredients*

10분 / 1인분

밥 1공기
올방개묵 300g
(또는 도토리묵)
진간장 1큰술
참기름 1큰술
들깻가루 1큰술
김가루 1줌
채수 1/2컵

담백한 채수는 고소한 묵밥에 활용했을 때 빛을 발한다. 나는 '올방개묵'으로 묵밥 만드는 것을 좋아하는데 올방개는 논이나 습지에서 자라는 수생식물이며 덩이줄기가 묵의 재료로 활용된다. 고소한 맛과 쫀쫀한 식감이 매력적인 올방개묵. 참기름, 들깻가루, 김가루와 만나면 그 맛이 극대화된다.

recipe

1. 묵은 한입 크기로 썰고 체에 담는다. 뜨거운 물을 부어 살짝 익힌다.
2. 볼에 묵, 진간장, 참기름, 들깻가루를 넣고 잘 버무린다.
3. 그릇에 밥을 담고 버무린 묵과 김가루를 올린다. 채수를 데워서 붓고 섞어가며 먹는다.
   tip. 차가운 채수를 부어도 되며, 채 썬 깻잎을 추가해도 좋다.

17

비건 가츠동

ingredients

40분 / 1인분

밥 1공기
두부 1모(작은 팩, 200g)
밀가루 1컵
빵가루 1컵
물 1/3컵

두부 밑간

소금·후추 약간
강황가루 약간(생략 가능)

양파조림

양파 1/2개
대파 15cm
다진 마늘 1/2큰술
식용유 1큰술
진간장 2큰술
맛술 1큰술
올리고당 1큰술

도톰하게 썬 두부를 바삭하게 튀겨 가츠동의 돈가스를 대신했다. 튀긴 두부와 달콤 짭조름한 양념에 졸인 양파를 밥에 올려 덮밥 한 그릇을 만들면 정갈한 가정식당에 온 기분이 든다. 김치나 채소피클을 곁들여 먹으면 더욱 맛있다.

recipe

1. 두부에 도마, 무거운 그릇을 올린 후 20분 이상 눌러 물기를 충분히 뺀다.
2. 양파는 채 썰고, 대파는 어슷 썬다. 다진 마늘도 준비한다.
3. 달군 팬에 식용유를 두르고 대파, 다진 마늘을 넣어 볶는다.
4. 양파를 넣고 투명해질 때까지 볶다가 진간장, 맛술, 올리고당을 넣고 수분이 날아갈 때까지 볶은 후 덜어둔다.
5. 두부는 스테이크처럼 도톰하게 썬 후 밑간 재료를 약간씩 뿌린다.
6. 밀가루를 2개의 그릇에 절반씩 나눠 담고, 1개의 그릇에 물을 섞어 반죽을 만든다.
7. 밑간한 두부를 밀가루 → 물반죽 → 빵가루에 순서대로 담가 튀김옷을 입힌다.
8. 달군 기름에 노릇하게 튀긴 후 그릇에 밥, 양파조림, 두부가스를 올린다.

#18

짜
장
밥

ingredients

20분 / 1인분(짜장소스 3~4회분)

감자 1개
양파 1개
새송이버섯 1개
당근 1/2개
애호박 1/2개
식용유 4큰술
춘장 4큰술

다진 마늘 1큰술
물 200ml
설탕 1큰술
진간장 2큰술
전분물
(전분가루 1과 1/2큰술 + 물 2큰술)

이런저런 채소가 냉장고에 가득 남았을 때면 짜장밥을 해야겠단 생각이 떠오른다. 어떤 채소를 넣어도 맛있게 완성되는 짜장밥. 막연히 떠올렸을 땐 어려울 것 같은 요리지만 춘장을 기름에 잘 볶기만 하면 생각보다 간단하게 고급스러운 맛의 짜장소스를 만들 수 있다.

● *recipe*

1. 감자, 양파, 새송이버섯, 당근, 애호박은 1cm 두께로 깍둑썰기한다.
2. 달군 팬에 식용유, 춘장을 넣고 고소한 냄새가 올라올 때까지 1~2분간 볶는다.
3. 체에 걸러 춘장과 기름을 분리하고 분리한 기름에 채소를 볶는다. 이때, 다진 마늘 → 양파 → 감자 → 당근 → 애호박 → 새송이버섯 순으로 볶는다.
4. 채소가 어느 정도 익으면 걸러 둔 춘장을 넣고 볶는다.
5. 춘장이 골고루 섞이면 물, 설탕, 진간장을 넣는다. 뚜껑을 덮고 감자, 당근이 부드럽게 익을 때까지 끓인다.
6. 전분물을 넣어 농도를 맞춘다. 전분물은 넣기 전에 잘 저어준 후 사용한다.

19

그
린
커
리

● *ingredients*

30분 / 1인분(커리 2~3회분)

밥 1공기
두부가스 1~2장
(또는 두부 1/4모, 템페 50g)
그린커리 페이스트 1/2큰술
코코넛밀크 1캔(400ml)
연두 또는 국간장 1큰술
식용유 1큰술

모둠 채소
당근 1/3개
양파 1/2개
가지 1/2개
애호박 1/2개
새송이버섯 1개
파프리카 1/2개

태국식 커리의 한 종류로 고추가 더해진 페이스트를 활용해 초록색을 띤다. 동남아를 대표하는 음식이지만 내겐 독일을 떠올리게 한다. 독일에서의 교환학생 시절, 학교 앞 아시아 음식점의 그린커리는 무척이나 맛있었고, 저렴했고, 푸짐했다. 비거니즘에 관심을 갖기 시작했을 이 시기에 커리는 채식과 친해지는데 많은 도움을 줬던 고마운 음식이다.

recipe

1. 모둠 채소는 한입 크기로 썬다.
   tip. 커리에 넣는 채소들은 취향에 맞게 대체해도 된다. 가지는 꼭 넣는 것을 추천!
2. 깊은 팬을 달궈 식용유, 당근, 양파를 넣고 양파가 투명해질 때까지 볶는다.
3. 나머지 채소들을 넣고 숨이 죽으면 그린커리 페이스트를 넣고 볶는다.
4. 페이스트가 골고루 섞이면 코코넛밀크를 넣고 5~8분 정도 푹 끓인다.
5. 커리가 끓는 동안 두부가스를 만든다(75쪽 참고).
   tip. 노릇하게 구운 두부나 템페로 대체해도 된다.
6. ④의 커리에 연두 또는 국간장을 넣어 간을 맞춘다. 그릇에 밥, 커리, 두부가스를 담는다.
   tip. 맵게 느껴진다면 올리고당을 약간 추가한다.

20

비건 초밥

ingredients

40분 / 1~2인분

밥 1공기
식초 1큰술
설탕 1/2큰술
소금 약간
생 와사비 적당량
초간장 약간
식용유 적당량
구운 김 1/2장

토핑(취향껏 선택)
미니 파프리카
새송이버섯
가지(간장, 설탕)
당근(식초, 설탕, 생수)
두부
순두부 스크램블
(135쪽 참고)

채식을 결심하면 이젠 영영 못 먹겠단 생각에 아쉬운 음식들이 있다. 내겐 초밥이 그랬다. 하지만 초밥에 진심인 나는 고민해보았다. 초밥은 말 그대로 단촛물로 양념을 한 밥이잖아? 그럼 채소나 두부 같은 재료를 얹어도 초밥인 거 아닌가? 그렇게 다양한 재료를 활용한 초밥 메뉴를 하나둘 개발하고 있다. 맛도 모양도 근사한 비건 초밥 개발기는 앞으로도 계속될 것 같다.

●
recipe

[밥]

식초 : 설탕 : 소금을 2 : 1 : 0.3 비율로 섞은 후 밥과 비빈다. 밥은 한입 크기로 뭉치고 생 와사비를 약간씩 올려 준비한다. 초밥을 찍어 먹을 초간장도 만들어 둔다.

[파프리카초밥]

파프리카에 젓가락을 끼운 후 가스불에 대고 직화로 껍질이 까맣게 탈 때까지 돌려가며 굽는다. 흐르는 찬물에 대고 손으로 문질러가며 껍질을 벗겨낸 후 적당한 크기로 썰어 밥에 올린다.

[새송이초밥 / 가지초밥]

새송이버섯과 가지는 0.5cm 두께로 썬 후 벌집모양으로 칼집을 내고 가지에만 간장과 설탕을 2:1 비율로 섞은 소스를 살짝 발라준다. 달군 팬에 식용유를 두르고 2가지 모두 노릇하게 구워 밥에 올린다.

[당근라페 군함 / 순두부 스크램블 군함]

밥에 김을 둘러 군함 모양을 만든다. 당근은 치즈 그레이터에 곱게 간다. 식초, 설탕, 생수를 1:1:1 비율로 섞은 후 당근이 잠길 정도로 붓고 20분간 절인다. 물기를 꼭 짜낸 당근라페를 밥에 얹는다. 순두부 스크램블도 밥에 얹는다.

[두부초밥]

두부는 키친타월로 감싸 물기를 제거한 후 도마, 무거운 그릇을 올려 20분 이상 눌러준다. 적당한 크기로 납작하게 썬 후 달군 팬에 식용유를 두르고 노릇하게 구워 밥에 올린다. 김을 길게 잘라 띠처럼 둘러도 좋다.

chapter 2

일 상 채 식
면 한 그 릇

#1

간장 비빔국수

ingredients

20분 / 1인분

소면 1인분(70g)
애호박 약간
당근 약간
식용유 1/2큰술

양념
진간장 1과 1/2큰술
참기름 1큰술
설탕 1/2큰술

김치무침
잘게 썬 김치 1~2큰술
설탕 1/2큰술
참기름 1/2큰술

매운 음식을 잘 먹지 못하던 어린 시절, 간장 비빔국수는 최고의 별미였다. 추억 담긴 그 맛에 김치무침과 채소볶음을 고명으로 얹어 제법 그럴싸해 보이는 한 그릇을 완성해보았다. 때론 평범하고 단순한 것이 오히려 특별하게 느껴질 때가 있다. 추억이 깃든 이 간장 비빔국수가 내겐 그렇다.

recipe

1. 애호박, 당근은 채 썬다. 2개의 볼에 각각 양념 재료와 김치무침 재료를 섞는다.
2. 달군 팬에 식용유를 두르고 애호박과 당근을 넣어 볶는다.
3. 소면은 끓는 물에 4~5분 정도 삶고 찬물에 행궈 물기를 꼭 짠다.
4. 큰 볼에 소면과 양념을 넣어 버무린다. 그릇에 소면, 김치무침, 애호박과 당근을 올린다.

#2

달래국수

● *ingredients*

15분 / 1인분

소면 1인분(70g)
달래 5~6가닥
채수 2컵
연두 또는 국간장 1큰술
달래장 1큰술(53쪽 참고)

꽃샘추위로 쌀쌀한 초봄, 따뜻한 국수 한 그릇이 먹고 싶을 때면 달래국수를 찾게 된다. 이맘때 냉장고에 늘 있는 채수와 달래장을 활용하면 눈 깜짝할 새 만들 수 있는 초간단 메뉴. 채수가 끓을 때 달래를 자르지 않고 몇 가닥 더하면 국수를 호로록 먹을 때 함께 씹혀 입안 가득 향긋한 맛이 느껴진다.

recipe

1. 달래는 시든 잎을 떼어내고 알뿌리 부분을 깨끗하게 다듬는다. 알뿌리가 크고 두꺼우면 반으로 가른다. 남은 달래로는 달래장을 만든다(53쪽 참고).
2. 냄비에 채수를 넣어 끓이고 연두 또는 국간장으로 간을 맞춘다. 달래를 넣고 30초 정도 데친 후 건져낸다.
   tip. 달래장을 넣고 섞어 먹을 것이므로 간을 약간 싱겁게 맞춘다.
3. 소면은 끓는 물에 4~5분 정도 삶고 찬물에 헹궈 물기를 꼭 짠다.
4. 그릇에 소면, 데운 채수, 데친 달래를 담는다.
5. 먹기 전에 취향에 따라 달래장을 적당히 섞어 먹는다.

#3

매콤달콤 샐러드 비빔면

ingredients

10분 / 1인분(소스 약 5~6회분)

곤약면 1팩
소스 1~2큰술
샐러드채소 1줌
(어린잎채소, 루꼴라 등)
새송이버섯 1개
식용유 1/2큰술

소스
고추장 3큰술
설탕 3큰술
진간장 2큰술
참기름 1/2큰술
식초 1/2큰술
후추 약간
사이다 1~2큰술

집에 있는 갖은양념을 활용해 비빔면 소스를 만들어두면 입맛 없을 때 후다닥 맛있는 한 끼를 차릴 수 있다. 비빔면은 소면이나 칼국수면을 활용해도 좋지만 샐러드채소의 신선함과 잘 어우러지도록 곤약면을 사용해보았다. 노릇하게 구운 새송이버섯을 올리면 쫄깃쫄깃 식감도 좋다.

recipe

1. 소스 재료의 고추장, 설탕, 진간장, 참기름, 식초, 후추를 잘 섞은 후 사이다를 넣어가며 농도를 조절한다. 걸쭉하게 흐르는 정도로 만든다.
2. 샐러드채소는 흐르는 물에 씻어 체에 밭쳐 물기를 빼고, 새송이버섯은 사방 1cm 두께로 깍둑썬다.
3. 달군 팬에 식용유를 두르고 새송이버섯을 넣어 노릇하게 볶는다.
4. 곤약면은 끓는 물에 1분간 데친 후 찬물에 헹군다. 물기를 꼭 짠 후 그릇에 담는다. 소스를 1~2큰술 정도 넣어 잘 비빈 후 샐러드채소, 볶은 버섯을 올린다.

#4 콩국수

• *ingredients*

20분 / 1인분

중면 1인분(또는 소면, 70g)
오이 1/4개
방울토마토 1개(생략 가능)
설탕 또는 소금 약간

콩국
두부 1/4모(큰 팩, 75g)
두유 1컵
땅콩버터 1큰술

집에서는 보통 시판 콩국을 사서 콩국수를 만들어 먹지만 직접 콩국을 만드는 것도 생각보다 쉽다. 두부, 두유, 땅콩버터를 한 번에 갈면 구수한 홈메이드 콩국이 된다. 채 썬 오이를 듬뿍 얹고 방울토마토를 올려주면 맛이 깔끔하며 보기에도 좋다.

recipe

1. 푸드프로세서 또는 믹서에 콩국 재료를 넣고 곱게 간다.
   tip. 시판 콩국을 사용해도 된다.
2. 오이는 가늘게 채 썰고, 방울토마토는 2등분한다.
3. 중면은 끓는 물에 4~5분간 삶은 후 찬물에 헹궈 물기를 꼭 짠다.
4. 그릇에 중면을 담고 콩국을 붓는다. 오이, 방울토마토를 얹고 취향에 맞게 설탕과 소금을 더한다.

#5
묵국수

ingredients

10분 / 1인분

도토리묵 1팩(400g)
깻잎 2장
잘게 썬 김치 1~2큰술
김가루 1큰술
들깻가루 1/2큰술
채수 2컵

차게 먹어도 따뜻하게 먹어도 맛있는 묵국수. 하지만 뭐니 뭐니 해도 묵국수는 무더운 여름철 요리할 기운도 없을 때 차가운 채수를 묵에 콸콸 부어 먹는 것이 가장 맛있는 것 같다. 나만의 여름 나기 음식이 있다는 건 참 든든하다.

recipe

1. 채수는 따뜻하거나 차갑게 준비한다. 깻잎은 가늘게 채 썬다.
2. 묵은 길게 썬다.
3. 길게 썬 묵을 체에 밭치고 끓는 물을 부어 살짝 익힌다.
4. 그릇에 묵을 담는다. 채 썬 깻잎, 김치, 김가루, 들깻가루를 올린 후 채수를 붓는다.

#6

메밀면 김말이

ingredients

40분 / 3줄

메밀면 3인분(약 200g)
김밥 김 3 장
오이 1/4개
굵은소금 약간
소이 마요네즈 적당량
와사비 약간
두부 1/2모(작은 팩, 100g)
식용유 1~2큰술
초간장 약간

당근절임

당근 1/2개
생수 1큰술
식초 1큰술
설탕 1큰술

메밀면 양념

진간장 2큰술
설탕 2큰술

얼핏 보면 김밥 같지만 양념에 비빈 잡곡밥처럼 보이는 건 사실 메밀면! 김밥보다는 좀 더 가볍게, 메밀국수보다는 좀 더 특별하게 즐길 수 있는 메뉴이다. 와사비마요를 만들어 넣으면 입에 착착 감기는 맛이 난다.

recipe

1. 오이는 길게 썬 후 소금을 뿌려 10분 정도 절인다.
2. 당근은 가늘게 채 썰어 생수, 식초, 설탕을 1:1:1 비율로 넣어 만든 양념에 절인다.
3. 소이 마요네즈에 와사비를 섞어 와사비마요를 만든다.
4. 두부는 길게 썬 후 키친타월로 물기를 제거하고 기름에 튀기듯 굽는다.
5. 메밀면은 끓는 물에 4~5분간 삶은 후 찬물에 헹군다. 물기를 꼭 짠 후 진간장, 설탕을 넣고 섞는다.
6. 절인 오이와 절인 당근은 물기를 꼭 짠 후 모든 재료를 준비한다. 김발에 김, 메밀면, 오이, 당근, 구운 두부, 와사비마요를 올려 돌돌 만다. 먹기 좋은 크기로 썬 후 초간장에 찍어 먹는다.

    tip. 메밀면은 김에 잘 붙지 않으니 김을 높게 들어올리지 말고 스윽 밀듯이 만다.

#7 채소 듬뿍 볶음우동

• *ingredients*

20분 / 1인분

우동면 1팩(200g)
숙주 2줌
양파 1/2개
당근 1/4개
느타리버섯 1줌(50g)
그 밖에 채소(파프리카, 부추,
청경채, 쑥갓 등)

소스
진간장 2큰술
국간장 1큰술
맛술 1큰술
올리고당 1큰술

향신 고추기름
식용유 3~4큰술
다진 마늘 1큰술
어슷 썬 대파 1줌
고춧가루 1큰술

향신 고추기름을 만들어 채소에 매콤한 불맛을 입힌 채소 볶음우동. 맥주 한 잔에 곁들이기 좋은 든든한 채식 안주! 숙주를 듬뿍 넣어 1.5인분을 먹는 듯하다. 채소는 좋아하는 것 무엇이든 추가해도 좋지만 숙주와 느타리버섯은 꼭 넣어야 짭조름한 소스가 잘 배어들어 더욱 맛있다.

recipe

1. 우동면은 끓는 물에 넣고 3분간 삶은 후 찬물에 헹군다. 작은 볼에 소스 재료를 섞는다.
2. 숙주를 제외한 채소는 먹기 좋은 크기로 썬다. 느타리버섯은 밑동을 제거하고 결대로 찢는다.
3. 달군 팬에 향신 고추기름 재료를 넣고 볶는다.
4. ③의 팬에 양파, 당근, 느타리버섯을 넣고 볶는다.
5. 채소의 숨이 죽으면 섞어둔 소스를 넣고 볶는다.
6. 숙주와 우동면, 추가하고 싶은 채소들을 넣고 간이 밸 때까지 볶는다.

   tip. 다 먹고 남은 양념에 깻잎과 밥을 넣어 볶음밥으로 즐겨도 좋다.

#8

두부면 버섯칼국수

ingredients

20분 / 1인분

두부면 1인분(100g)
대파 7cm
느타리버섯 1줌(50g)
양파 1/4개
당근 1/4개
애호박 1/4개
채수 또는 물 1과 1/2컵
다진 마늘 1/2큰술
연두 또는 국간장 1큰술

두부면을 활용해 깔끔한 맛에 단백질까지 채운 칼국수. 별다른 채소가 없을 때는 버섯만 2종류 정도 넣어도 충분히 푸짐하고 맛있다. 취향에 따라 고춧가루를 더해 매콤하게, 들깻가루를 더해 고소하게 즐겨도 좋다.

●
recipe

1. 대파는 어슷 썰고, 느타리버섯은 적당한 크기로 찢는다. 양파는 한입 크기로 썰고, 당근과 애호박은 채 썬다. 두부면은 끓는 물에 가볍게 데쳐 준비한다.
2. 냄비에 채수를 담고 끓어오르면 채소를 넣어 끓인다. 채소의 숨이 살짝 죽으면 다진 마늘을 넣고 연두 또는 국간장으로 간을 맞춘다.
3. 국물이 팔팔 끓으면 데친 두부면을 넣고 말랑해질 때까지 끓인다.

#9
토마토 오일파스타

ingredients

20분 / 1인분

스파게티 1인분(70g)
마늘 2~3개
양송이버섯 3~4개
(또는 송화버섯)
방울토마토 6~8개
(또는 완숙토마토 1개)
올리브유 적당량
어슷 썬 대파 1줌
로즈메리(생략 가능)
고춧가루 1/2큰술
연두 또는 국간장 1큰술

면 삶을 물
소금 1큰술
물 1L

토마토파스타와 오일파스타 그 중간의 느낌을 가진 파스타. 시판 토마토소스를 쓰지 않고 올리브유에 생토마토를 볶아 신선한 풍미를 살렸다. 면을 다 먹고 남은 소스에 빵을 찍어 먹으면 진정한 제로웨이스트 식사를 할 수 있다.

recipe

1. 마늘, 양송이버섯은 얇게 편 썰고, 방울토마토는 2등분한다.
2. 면 삶을 물을 끓인 후 스파게티를 넣고 포장지에 적힌 시간에서 1분을 빼고 삶는다. 면수 1/2컵을 버리지 않고 덜어둔다.
3. 깊은 팬을 달궈 올리브유를 자작하게 두르고 편 썬 마늘, 어슷 썬 대파, 로즈메리를 넣어 노릇해질 때까지 볶는다.
4. 로즈메리는 건져내고 양송이버섯, 토마토를 넣어 볶는다.
5. 토마토가 흐물흐물해지면 고춧가루, 연두 또는 국간장을 넣고 볶는다.
6. 삶은 스파게티와 면수 1/2컵을 넣고 면이 익을 때까지 1분 정도 더 볶는다.

#10

두유 크림파스타

● *ingredients*

30분 / 1인분

스파게티 1인분(70g)
마늘 2개
양파 1/2개
양송이버섯 2~3개
어슷 썬 대파 1줌
올리브유 1큰술
소금·후추 약간

두유 크림소스

캐슈넛 1/2컵
두유 또는 아몬드밀크 1컵
마늘 1개
뉴트리셔널 이스트 2큰술

면 삶을 물

소금 1큰술
물 1L

캐슈넛을 두유와 함께 갈면 고소함이 일품인 크림소스를 만들 수 있다. 치즈 풍미가 나는 뉴트리셔널 이스트로 깊은 맛을 더하고, 약간의 마늘로 알싸함을 살리면 더욱 매력적인 파스타소스가 완성된다. 식물성 패티를 구운 후 데운 소스를 끼얹어 크림스테이크처럼 즐겨도 좋다.

recipe

1. 캐슈넛은 찬물에 담가 20분 정도 불린다.
2. 푸드프로세서 또는 믹서에 두유 크림소스 재료를 넣고 곱게 간다.
3. 마늘 2개는 얇게 편 썰고, 양파와 양송이버섯은 먹기 좋게 썬다.
4. 면 삶을 물을 끓인 후 스파게티를 넣고 포장지에 적힌 시간에서 1분을 빼고 삶는다. 면수 1컵을 버리지 않고 덜어둔다.
5. 깊은 팬을 달궈 올리브유를 두르고 편 썬 마늘, 어슷 썬 대파를 넣어 노릇해질 때까지 볶은 후 양파, 양송이버섯을 넣어 볶는다.
6. 채소가 익으면 갈아 놓은 두유 크림소스를 넣고 끓인다. 삶은 스파게티, 면수 1컵을 넣고 소스가 면에 배도록 1분 정도 더 볶는다.

\#11

간편 잡채

• *ingredients*

15분(+당면 불리기 30분) / 1~2인분

당면 50g
시금치 2줌(100g)
표고버섯 2~3개
당근 1/6개
양파 1/4개
파프리카 1/3개
식용유 1큰술

양념
진간장 2큰술
참기름 1큰술
올리고당 1큰술
다진 마늘 1/2큰술
후추 약간
물 약간

잔칫날의 대표 메뉴 잡채는 갖가지 재료들을 각각 따로 삶거나 볶아 준비하고, 한데 모아 또 한 번 볶아야 하는 번거로운 음식이다. 나홀로 잡채가 먹고 싶을 땐 재료 하나하나에 감칠맛이 배어있는 것보단 간편한 게 최고! 맛있는 양념만 있다면 프라이팬에 모두 넣고 한 번에 볶아도 충분히 맛있는 잡채가 완성된다.

recipe

1. 시금치는 밑동을 제거한 후 먹기 좋은 크기로 떼어낸다. 작은 볼에 양념 재료를 섞는다. 당면은 찬물에 담가 30분 정도 불린다.
2. 표고버섯, 당근, 양파, 파프리카는 채 썬다.
3. 달군 팬에 식용유를 두르고 당근, 양파를 넣어 볶다가 숨이 죽으면 표고버섯, 파프리카를 넣고 볶는다.
4. 당면, 양념을 넣고 당면이 투명하게 익으면 시금치를 넣고 숨이 죽을 정도로만 볶는다.

chapter 3

일 상 채 식
별미한그릇

#1 부추전

• *ingredients*

20분 / 1인분

부추 1줌(100g)
양파 1/2개
당근 1/4개
부침가루 1컵
물 150ml
식용유 1큰술 + 적당량

전은 촉촉한 것보다 바삭해야 제맛. 바삭함을 극대화하기 위한 여러 방법을 찾다가 이 레시피에 정착하게 되었다. 우선 밀가루 대신 부침가루를 사용하며, 반죽에 식용유를 1큰술 정도 넣는다. 그리고 반죽보다 채소가 많다 싶을 정도로 채소의 비율을 높인다. 달군 팬에 반죽을 올릴 때 국자 대신 집게를 쓰면 아주 바삭한 채소전을 만들 수 있다.

recipe

1. 부추는 5cm 길이로 썰고, 양파, 당근도 비슷한 크기로 채 썬다.
2. 큰 볼에 부침가루, 물을 섞어 요거트 농도의 반죽을 만든다. 식용유도 1큰술 넣어 섞는다.
   tip. 반죽에 기름을 살짝 넣으면 구운 후 더 바삭하다.
3. 반죽에 채소를 넣고 섞는다.
4. 달군 팬에 식용유를 넉넉히 두르고 반죽을 집게로 적당량 올려 앞뒤로 노릇하게 굽는다.
   tip. 팬에 반죽을 올릴 때 국자보다 집게를 사용하면 구운 후 더 바삭하다.
   tip. 봄나물무침(57쪽 참고)을 곁들어도 좋다.

#2

유부 떡볶이

ingredients

20분 / 1~2인분

떡볶이 떡 200g
유부 1줌
양파 1/2개
대파 20cm

양념
물 500ml
설탕 1큰술
고추장 1큰술
고춧가루 2~3큰술
올리고당 2큰술
다진 마늘 1큰술

어묵 대신 유부를 넣어 만든 지극히 평범한 떡볶이. 비건이어도 떡볶이는 어묵만 제외하면 편하게 먹을 수 있는 음식이라 자주 찾게 된다. 쫄깃쫄깃한 식감을 지닌 유부는 매콤달콤한 국물을 한껏 머금어 더 감칠맛 나는 떡볶이를 즐길 수 있게 해준다.

recipe

1. 떡볶이 떡은 물에 한 번 헹궈 준비한다.
   tip. 냉동 상태라면 물에 담가 해동한 후 끓는 물에 살짝 데쳐 사용한다.
2. 양파는 한입 크기로, 대파는 송송, 유부는 0.5cm 두께로 썬다.
3. 냄비에 떡, 물, 설탕을 넣고 끓인다. 끓어오르면 고추장을 넣고 잘 풀어준다.
4. 양파, 고춧가루, 올리고당, 다진 마늘을 넣는다.
5. 떡이 어느 정도 익으면 유부와 대파를 넣고 양념을 졸인다.

#3 들깨 수제비

● *ingredients*

30분(+ 반죽 숙성 1시간) / 1~2인분

느타리버섯 1줌(50g)
당근 1/5개
애호박 1/8개
양파 1/4개
감자 1개
채수 2컵
연두 또는 국간장 1큰술
들깻가루 1큰술

반죽
밀가루 1컵
물 1/4컵
소금 약간

추적추적 비가 내리는 날이면 생각나는 들깨수제비. 채수에 포슬포슬한 감자를 듬뿍 넣어 끓이면 국물의 맛이 진해지고, 들깻가루까지 더하면 고소함이 극대화된다. 온몸이 축 처질 때 한 그릇 비우면 힘이 불끈 난다.

recipe

1. 볼에 반죽 재료를 넣고 손으로 매끈해질 때까지 치댄다. 지퍼백에 넣거나 랩으로 감싸 냉장고에서 1시간 정도 숙성시킨다.
2. 느타리버섯은 결대로 찢고, 당근은 채 썬다. 애호박은 반달 모양으로, 양파와 감자는 깍둑썬다.
3. 냄비에 채수를 붓고 끓어오르면 감자를 넣고 끓인다.
4. 감자 겉부분이 살짝 투명해지면 나머지 채소들을 넣고 끓인다.
5. 감자를 젓가락으로 찔렀을 때 부드럽게 들어갈 정도로 익었다면 반죽을 손으로 얇게 늘여가며 떼어 넣는다. 반죽끼리 서로 붙지 않게 잘 저어가며 끓인다.
6. 연두 또는 국간장으로 간을 맞추고 들깻가루를 넣는다. 반죽이 익을 때까지 끓인다.

#4 비건 마라탕

● *ingredients*

20분 / 2인분

청경채 5~6장(1~2개)
알배기배추 2장
새송이버섯 1/2개
팽이버섯 1/2봉
느타리버섯 1/2줌
납작당면 2~3줄
(또는 녹두당면 1덩어리)

얼린 두부 1/2모
(작은 팩, 또는 푸주,
건두부, 쌈두부 등)
유부 2~3장
식용유 2~3큰술
마라소스 1큰술
채수 2컵
연두 또는 국간장 1큰술

담백한 채식을 지향하려고 노력하지만 가끔은 화끈한 국물이 당길 때가 있다. 시판 마라 소스만 사두면 집에 있는 채소, 두부, 면을 활용해 별미로 즐길 수 있는 마라탕. 채수를 활용해 자극적이지 않은 깔끔한 매운맛을 살린 것이 특징이다. 논비건 친구와 부담 없이 함께 즐길 수 있는 메뉴이기도 하다.

recipe

1. 청경채는 밑동을 제거하고 잎을 떼어낸다. 배추와 버섯은 한입 크기로 썬다.
2. 납작당면은 미지근한 물에 담가 불린다. 얼린 두부는 찬물에 담가 해동시킨 후 물기를 꼭 짜고, 유부는 한입 크기로 썬다.
3. 깊은 팬을 달궈 식용유를 두른 후 배추, 새송이버섯을 넣고 볶다가 팽이버섯, 느타리버섯, 청경채를 넣고 숨이 죽을 정도로만 살짝 볶는다.
4. 채소를 한쪽으로 밀어두고 빈 공간에 마라소스를 넣는다. 소스가 데워지면 채소와 섞어가며 볶는다.
5. 채수를 넣고 연두 또는 국간장으로 간을 맞춘다. 채수가 끓기 시작하면 얼린 두부, 납작당면, 유부를 넣고 팔팔 끓인다.

#5

버섯구이쌈

ingredients

15분 / 1인분

쌈채소 적당량
(상추, 깻잎 등)
김치 1/2컵
느타리버섯 1줌(50g)
새송이버섯 1개
식용유 1큰술
참기름 1큰술
쌈장 1큰술
고추장아찌 약간(생략 가능)
명이나물절임 약간(생략 가능)

친구들과 놀러 가서 다 함께 바비큐를 준비할 때 소외감이 든 적이 있다. 이내 '바비큐를 꼭 고기로 즐겨야만 하나?'란 생각으로 불판 한 쪽에 버섯을 구워 볶음김치, 장아찌, 명이나물절임과 쌈을 싸 먹었다. 쫄깃하게 구운 버섯과 짭조름한 반찬의 조합은 진리였다. 잊을 수 없는 그 맛이 가끔 생각나 집에서도 즐겨 먹고 있는 버섯구이 쌈.

recipe

1. 쌈채소는 깨끗이 씻고, 김치는 굵게 다진다.
2. 버섯은 한입 크기로 썬다.
3. 달군 팬에 식용유를 두르고 버섯을 넣어 앞뒤로 노릇하게 굽는다.
4. 달군 팬에 참기름을 두르고 김치를 넣어 볶는다.
5. 그릇에 쌈채소, 구운 버섯, 볶음김치를 담고 쌈장, 고추장아찌, 명이나물절임을 곁들인다.

#6 와플 감자전

● *ingredients*

40분 / 1~2인분

감자 600g(3~5개)
소금·후추 약간
식용유 적당량
초간장 또는 케첩 약간

와플팬에 크로와상 반죽을 넣어 굽는 '크로플'이 한창 유행할 때 와플팬을 구입했다. 크로플만 만들기엔 아까워서 이것저것 구워보다가 발견한 와플 감자전. 팬에 부치는 얇은 감자전에 비해 바삭삭 씹는 식감이 제대로 느껴진다. 감자를 갈 때 강판, 치즈 그레이터, 믹서 모두 사용해보았는데 치즈 그레이터에 갈았을 때 식감이 가장 좋았다.

recipe

1. 감자는 필러로 껍질을 벗긴 후 치즈 그레이터 또는 강판에 곱게 간다.
   tip. 치즈 그레이터(또는 제스터)는 강판과 채칼 중간쯤의 식감을 내주어 추천하는 도구이다. 손으로 가는 것이 번거롭다면 믹서에 감자, 물 약간을 넣고 갈아도 된다.
2. 체에 받쳐 숟가락으로 눌러가며 물기를 충분히 뺀다.
3. 걸러진 물은 버리지 않고 전분이 가라앉을 때까지 10분 정도 그대로 둔다.
4. 하얀 전분이 가라앉으면 윗물만 조심스레 따라 버리고 감자 반죽과 가라앉은 전분을 섞는다. 소금, 후추로 간을 한다.
5. 와플팬에 키친타월로 식용유를 골고루 바르고 완전히 달군 후 반죽을 올린다.
6. 앞뒤로 각각 2분씩 구운 후 한 번 더 2분씩 노릇하게 굽는다. 초간장이나 케첩을 곁들인다.

#7
월
남
쌈

ingredients

30분 / 1인분

라이스 페이퍼 적당량
두부·유부 적당량
볶음용 모둠 채소 적당량
(당근, 양파, 애호박, 버섯 등)
생채소·생과일 적당량
(깻잎, 오이, 아보카도, 파프리카)
김밥용 단무지 1~2줄
시판 칠리소스 1~2큰술
(생략 가능)
식용유 2~3큰술

소스

땅콩버터 1큰술
소이 마요네즈 1큰술
올리고당 1/2큰술
통깨 1/2큰술

갑작스레 손님이 찾아오면 고민하지 않고 월남쌈을 준비한다. 채식을 하다 보면 늘 자투리 채소, 유부나 두부가 냉장고 한 편에 놓여있는데 이 재료들을 정갈하게 썰어 그릇에 예쁘게 담기만 하면 그럴싸한 초대 요리가 완성된다.

recipe

1. 두부, 유부, 볶음용 모둠 채소, 생채소, 생과일, 단무지는 먹기 좋은 크기로 채 썬다.

    tip. 속재료는 취향에 따라 적절히 골라 사용한다.

2. 달군 팬에 식용유를 두르고 볶음용 채소를 각각 볶아 그릇에 담는다.
3. 달군 팬에 식용유를 두르고 두부를 넣어 뒤집어가며 노릇하게 굽는다.
4. 모든 재료를 그릇에 담는다. 작은 볼에 소스 재료를 섞고, 또 다른 볼에 시판 칠리소스를 덜어둔다. 라이스페이퍼를 따뜻한 물에 살짝 적셔 그릇에 펼친 후 취향에 맞게 재료를 넣고 싸 먹는다.

    tip. 통깨는 절구에 살짝 빻아서 사용하면 더욱 고소하다.

#8 버섯 탕수

ingredients

30분 / 1~2인분

느타리버섯 150g
전분가루 1/2컵
밀가루 1컵
물 1/2컵
식용유 적당량

소스

파프리카 1/2개
당근 1/4개
양파 1/4개
물 2컵
설탕 10큰술
진간장 7큰술
식초 3큰술
전분물
(전분가루 2큰술 + 물 4큰술)

버섯 탕수는 다른 종류보다 느타리버섯을 활용해 겉은 바삭, 속은 쫄깃한 식감을 내는 것이 가장 맛있는 것 같다. 조금 번거롭더라도 전분가루와 밀가루 물반죽을 함께 사용해 최상의 식감을 내보자. 새콤달콤한 홈메이드 소스에는 파프리카를 가득 넣어야 은은한 단맛이 좋으며, 취향에 따라 파인애플을 추가해도 맛있다.

recipe

1. 소스 재료의 채소를 한입 크기로 썬다.
2. 냄비에 물 2컵, 설탕, 진간장, 식초를 넣고 약한 불에서 끓어오르면 채소를 넣는다.
3. 채소가 충분히 익었을 때 전분물을 부어 소스의 농도를 맞춘다.
4. 느타리버섯은 먹기 좋은 크기로 찢는다. 2개의 그릇을 준비해 한 곳에는 전분가루를, 한 곳에는 밀가루와 물을 섞어 요거트 농도의 반죽을 만든다. 이때 냄비에 식용유를 부어 약한 불에서 달군다.
5. 느타리버섯을 전분가루 → 물반죽에 순서대로 담가 튀김옷을 입힌다.
6. 달군 식용유에 버섯을 넣어 노릇하게 튀긴 후 식힘망이나 키친타월을 깐 그릇에 올려 한 김 식힌다. 소스를 곁들인다.
    tip. 오래 튀길 필요는 없다. 튀김옷 색깔이 노릇해지면 바로 꺼낸다.

#9 비건 함박스테이크

• *ingredients*

20분 / 1인분

식물성 패티 1장
채 썬 양배추 1줌
어린잎채소 1줌
비건 모짜렐라치즈 20g
케첩 1큰술
소이 마요네즈 1큰술
방울토마토 1개(생략 가능)
올리브유 1큰술

소스

양송이버섯 2개
양파 1/2개
다진 마늘 1/2큰술
토마토소스 1/2컵
바비큐소스 2큰술
물 1/4컵

식물성 패티를 활용한 함박스테이크. 시판 소스를 그대로 사용하지 않고 구운 버섯, 양파와 함께 끓여 간편하게 깊은 맛을 냈다. 그릇 한 쪽에 양배추 샐러드를 듬뿍 곁들이면 추억의 경양식 느낌이 물씬 난다. 패티는 '비욘드 미트', '언리미트' 브랜드 제품을 추천. 온라인 검색을 통해 쉽게 구입 가능하다.

recipe

1. 식물성 패티는 자연해동하고, 양배추는 가늘게 채 썬다.
2. 소스 재료의 양송이버섯은 얇게 편 썰고, 양파는 채 썬다.
3. 달군 팬에 올리브유를 두르고 버섯을 넣어 볶다가 버섯이 흐물흐물해지면 양파, 다진 마늘을 넣고 노릇해질 때까지 볶는다.
4. 냄비에 ③과 나머지 소스 재료를 넣고 걸쭉해질 때까지 끓인다.
5. 달군 팬에 패티를 넣어 포장지에 적힌 시간대로 노릇하게 굽는다.
6. 그릇에 구운 패티, 양배추, 잎채소를 섞이지 않게 담는다. 패티에는 만들어둔 소스와 비건 모짜렐라치즈를, 양배추에는 케첩과 소이 마요네즈를 뿌리고 방울토마토를 토핑한다.

\#10

3색 비건 피자

● *ingredients*

30분 / 1개분

또띠아 1장
가지 1/4개
애호박 1/4개
미니 단호박 1/4개
양송이버섯 1개
바질 1~2장
방울토마토 2~3개

토마토소스 1/2컵
비건 모짜렐라치즈 20g
올리브유 2큰술
아가베시럽 적당량

3가지 맛을 한 번에 즐길 수 있는 피자. 다양한 채소가 있을 때 해 먹는 메뉴인데, 좋아하는 맛으로만 한 판을 채워도 좋다. 논비건 친구들이 이 피자를 맛보고 채식에 관심을 보인 적이 몇 번 있었는데 왠지 모르게 뿌듯했다.

recipe

1. 가지, 애호박, 단호박, 양송이버섯은 0.5cm 두께로 썬다. 바질은 잎을 떼어내고, 방울토마토는 2등분한다.
2. 오븐팬에 유산지를 깔고 또띠아를 올린 후 토마토소스를 펴 바른다. 숟가락 날로 소스에 선을 그어 3등분 표시를 한다.
3. 1/3 부분에는 치즈 절반 정도의 양을 골고루 뿌리고 방울토마토와 바질을 올린다. 다른 1/3 부분에 가지와 애호박을 번갈아가며 겹쳐 올린 후 채소 위에 올리브유를 바른다. 남은 1/3 부분에는 단호박과 양송이버섯을 겹쳐 올리고 올리브유를 바른다. 치즈를 뿌리지 않은 부분에 남은 치즈를 골고루 나눠 뿌린다.
4. 180℃로 예열된 오븐에서 치즈가 녹을 때까지 10~15분 정도 노릇하게 굽는다. 취향에 따라 아가베시럽을 곁들인다.

#11

버섯 프라이드

ingredients

30분 / 1~2인분

모둠 버섯 약 200g
(느타리, 팽이 등)
치킨 튀김가루 1컵(비건 제품)
물 1/2컵
빵가루 1컵
식용유 적당량

마트에서 쉽게 구할 수 있는 치킨 튀김가루의 성분이 비건이라는 정보가 한때 SNS를 휩쓸며 인기를 끈 버섯 프라이드. 버섯튀김이라는 흔한 이름을 붙이기엔 정말 치킨 같은 맛이 난다. 생강가루, 마늘가루 등이 첨가되어 있어 별다른 양념을 하지 않아도 짭조름하고 풍미가 깊다.

● *recipe*

1. 버섯은 적당한 크기로 찢는다.
2. 치킨 튀김가루를 2개의 그릇에 절반씩 나눠 담고, 1개의 그릇에 물을 섞어 요거트 농도의 반죽을 만든다. 이때 냄비에 식용유를 부어 약한 불에서 달군다.
3. 버섯을 치킨 튀김가루 → 물반죽 → 빵가루에 순서대로 담가 튀김옷을 입힌다.
4. 달군 식용유에 버섯을 넣어 노릇하게 튀긴 후 식힘망이나 키친타월을 깐 그릇에 올려 한 김 식힌다.

   tip. 오래 튀길 필요는 없다. 튀김옷 색깔이 노릇해지면 바로 꺼낸다.

12 템페칩과 과카몰리

ingredients

20분 / 1인분

템페 100g
올리브유 2큰술
소금·후추 약간

과카몰리

아보카도 1개
(또는 냉동된 것 130g)
양파 1/8개
방울토마토 5개
레몬즙 1큰술
소금 1작은술
후추 약간

콩을 발효시켜 만든 템페는 특유의 쿰쿰한 향과 독특한 식감 때문에 처음 접하면 조금 거리감이 느껴질 수 있다. 이럴 땐 얇게 썰어 바삭하게 구운 칩으로 즐겨보자. 여기에 톡 쏘는 신맛의 살사 소스 '과카몰리'를 곁들이면 훌륭한 안주가 된다.

recipe

1. 템페를 길고 얇게 썬 후 양면에 올리브유를 바른다. 오븐팬에 유산지를 깔고 템페를 올려 소금, 후추를 약간씩 뿌린 후 180℃로 예열된 오븐에서 10~15분 정도 노릇하게 굽는다.
2. 아보카도는 반으로 갈라 씨를 제거하고 껍질을 벗긴다.
3. 양파, 방울토마토는 굵게 다지고. 아보카도는 볼에 담아 포크로 으깬다.
4. 아보카도가 담긴 볼에 다진 양파와 방울토마토, 레몬즙, 소금, 후추를 넣고 잘 섞는다. 구운 템페를 한 김 식혀 과카몰리에 곁들인다.

13

순두부 스크램블 플레이트

● *ingredients*

20분 / 1인분

호밀빵 1장
순두부 1봉
양송이버섯 1~2개
(또는 송화버섯)
방울토마토 3~4개
어린잎채소 1줌
식용유 1/2큰술 + 1/2큰술
소금·후추 약간
강황가루 약간(또는 카레가루)

두부는 다양한 식감으로 변신시킬 수 있다는 게 매력이다. 튀기면 쫄깃하면서 바삭한 식감이, 두툼하게 썰어 구우면 겉바속촉 식감이, 갈면 크리미한 식감이 된다. 순두부를 스크램블처럼 으깨가며 볶으면 몽글몽글한 식감을 낼 수도 있다. 순두부 스크램블에 강황가루로 은은한 풍미와 색을 더해 색다른 브런치 메뉴를 개발해보았다.

recipe

1. 양송이버섯은 얇게 편 썰고, 방울토마토는 2등분한다. 어린잎채소는 흐르는 물에 씻어 물기를 뺀다.
2. 달군 팬에 식용유를 두르고 버섯을 넣어 노릇하게 구운 후 덜어둔다.
3. 팬을 다시 달궈 순두부를 넣고 소금을 약간 뿌려 주걱으로 가르면서 끓인다. 순두부가 끓는 동안 호밀빵을 적당한 크기로 잘라 오븐이나 팬에 굽는다.
4. 순두부가 몽글몽글하게 뭉치고 수분이 분리되었다면 체에 밭쳐 물기를 뺀다.
5. 달군 팬에 식용유를 살짝 두르고 다시 ④의 순두부를 넣는다. 강황가루를 더해 색과 향을 입혀준다. 후추도 약간 뿌린다.
   tip. 강황가루는 많이 넣으면 흙맛이 나므로 색이 날 정도로만 넣는다.
6. 순두부의 수분이 충분히 날아가면 다른 재료와 함께 그릇에 담는다.

#14

깻잎페스토 샌드위치

ingredients

30분 / 1개분(깻잎페스토 300ml)

비건 식빵 2장
(또는 치아바타 1개)
구이용 모둠 채소 적당량
(가지, 애호박, 버섯 등)
잎채소 3~4장
(루꼴라, 근대 등)
방울토마토 2개
올리브유 적당량
소금·후추 약간
깻잎페스토 1~2큰술

깻잎페스토

깻잎 6묶음(약 60장)
잣 3큰술
마늘 3~4개
뉴트리셔널 이스트 3큰술
올리브유 3큰술
물 2~3큰술
국간장 1큰술
소금 1/4큰술

서양에 바질, 로즈메리, 타임 등 다양한 허브가 있다면 우리나라엔 깻잎이 있다. 보통 바질을 빻아 만든 이탈리아 소스를 '페스토(pesto)'라 하지만 깻잎을 활용하면 좀 더 저렴하게 넉넉한 양의 페스토를 만들 수 있다. 깻잎페스토는 식빵, 치아바타, 크래커에 슥 바르기만 해도 맛있고 구운 채소와 함께 두툼한 샌드위치로 즐기면 더없이 맛있다. 남은 페스토는 삶은 파스타면과 비벼 먹어도 좋다.

recipe

1. 깻잎은 가위로 대강 잘라 푸드프로세서 또는 믹서에 넣는다. 나머지 깻잎페스토 재료를 모두 넣고 간다.
2. 잎채소는 먹기 좋게 썰고, 방울토마토는 2등분한다. 구이용 채소는 0.5cm 두께로 썬다.
3. 오븐팬에 유산지를 깔고 구이용 채소를 올린 후 올리브유를 바른다. 소금, 후추를 뿌린 후 180℃로 예열된 오븐에서 노릇해질 때까지 10~12분 정도 굽는다.
   tip. 달군 팬에 올리브유를 두르고 구워도 된다.
4. 식빵은 오븐 또는 달군 팬에 넣어 데운다. 식빵 1장에 깻잎페스토를 넉넉히 바르고 잎채소 → 구운 채소 순으로 올린다.
5. 방울토마토를 올리고 남은 식빵으로 덮은 후 2등분한다.

#15

두유 요거트 볼

● *ingredients*

5분(+ 발효 6시간) / 1인분(두유 요거트 약 900g)

식물성 유산균 1포
두유 1팩(큰 것, 950ml)
뜨거운 물 적당량
생과일 적당량(키위, 딸기, 바나나, 블루베리 등)
그래놀라 적당량

유산균 1포와 두유 1팩으로 비건 요거트를 만들어 놓으면 한동안은 바쁜 아침이 든든해진다. 매일 토핑을 조금씩 바꿔주는 재미도 있다. 완성된 두유 요거트는 면포에 걸러 소이 리코타치즈를 만들 수도 있다.

recipe

1. 요거트 메이커에 식물성 유산균, 두유를 넣고 뭉침이 없도록 잘 섞는다. 요거트 메이커에 표시된 선에 맞춰 뜨거운 물을 붓고 실온에서 6시간 정도 발효시킨다.
   tip. 요거트 메이커가 없다면 재료의 유산균과 두유를 생략하고 시판 비건 요거트 2개를 활용해 요거트볼을 만들어도 된다(풀무원 식물성 액티비아 요거트 추천).
2. 과일은 한입 크기로 썬다.
3. 꾸덕하게 발효된 요거트를 그릇에 담고 과일, 그래놀라를 곁들인다.

tip. 소이 리코타치즈 만들기 완성된 요거트의 물기를 제거해 리코타치즈를 만들 수 있다. 면포에 요거트를 넣고 감싸 무거운 것으로 눌러주거나 면포 주머니를 개수대에 걸어두고 2~3시간 정도 물기를 빼주면 된다.

#16

사과조림 토스트

● *ingredients*

50~60분 / 1인분(사과조림 500ml)

바게트 3~4조각
땅콩버터 1~2큰술
시나몬가루 약간(생략 가능)

사과조림
사과 3개
설탕 1컵
레몬즙 2큰술
베이킹소다(세척용)

처치 곤란인 퍽퍽한 사과, 부분부분 물러버린 못난이 사과를 만나면 달콤한 사과조림으로 변신시킨다. 완성한 사과조림은 바게트에 올려 홈파티 핑거푸드를 만들거나 두유 요거트에 한 큰술 얹어 달콤한 디저트로 즐긴다. 반짝반짝 윤기나는 사과조림이 평범한 음식을 빛나게 해주는 듯하다.

recipe

1. 사과는 깨끗이 씻은 후 베이킹소다를 푼 물에 20분 정도 담가둔다.
2. 다시 한 번 헹군 후 씨를 제거하고 굵게 다진다.
3. 큰 볼 또는 깊은 팬에 다진 사과, 설탕을 넣고 골고루 섞어 20분 정도 둔다.
   tip. 설탕과 섞이면서 사과즙이 나오는 과정이다.
4. 사과즙이 충분히 나왔다면 레몬즙을 더해 중간 불에서 저어가며 끓인다.
5. 20~25분 이상 끓여 수분이 어느 정도 날아가고 끈적한 농도가 되면 한 김 식힌 후 열탕소독한 유리용기에 담는다.
   tip. 식으면 되직해지므로 수분기가 약간 남아있을 때 불을 끈다.
6. 바게트에 땅콩버터를 넉넉히 펴 바르고 사과조림을 얹는다. 취향에 따라 시나몬가루를 살짝 뿌리고 오븐에 노릇하게 굽는다.

#17 구운 채소 샐러드 & 곡물빵

● *ingredients*

20분 / 1인분

곡물빵 2장
구이용 모둠 채소 적당량
(방울토마토, 버섯, 단호박,
당근, 애호박, 파프리카 등)
잎채소 3~4장
올리브유 2~3큰술
소금·후추 약간
허브 약간(타임, 로즈메리 등)

드레싱

올리브유 2큰술
발사믹식초 1~2큰술

종종 "채식하면 풀때기만 먹어?"라는 말을 장난삼아 하는 사람들이 있다. '풀때기'만 들어간 샐러드도 얼마나 맛있는지 아냐며 반박하고 싶지만 알록달록 채소를 노릇하게 구워 만든 샐러드 사진을 건넨다. 채소의 숨은 매력을 드러내주는 구운 채소 샐러드. 채소도 이렇게 맛있고 멋질 수 있다는 걸 보여주는 메뉴다.

● *recipe*

1. 구이용 모둠 채소는 한입 크기로 썬다.
2. 오븐팬에 유산지를 깐 후 채소를 펼쳐 올리고 올리브유, 소금, 후추를 뿌린다. 허브를 얹거나 말린 허브가루를 뿌린다.
3. 180℃로 예열된 오븐에서 8~10분 정도 노릇하게 굽는다.
4. 곡물빵은 오븐이나 토스트기에 바삭하게 굽는다.
   tip. 달군 팬에 기름을 두르지 않고 구워도 된다.
5. 잎채소는 한입 크기로 썬다. 작은 볼에 드레싱 재료를 섞는다.
6. 그릇에 구운 채소와 잎채소를 담고 드레싱을 뿌린 후 곡물빵을 곁들인다.